BLACK SWAN | 黑天鹅

为 人 生 提 供 领 跑 世 界 的 力 量

BLACK SWAN

人脉是设计出来的

关键篇

张超◎著

北方妇女儿童出版社

图书在版编目（CIP）数据

人脉是设计出来的. 关键篇 / 张超著 . --长春:
北方妇女儿童出版社, 2012.10
ISBN 978-7-5385-6867-7

Ⅰ. ①人… Ⅱ. ①张… Ⅲ. ①人际关系学—通俗读物
Ⅳ. ①C912.1-49

中国版本图书馆 CIP 数据核字 (2012) 第228935号

人脉是设计出来的. 关键篇

作　者	张　超
出 版 人	李文学
责任编辑	王玉全
封面设计	柏拉图
开　本	635mm × 965mm　1/16
字　数	160千字
印　张	13.5
版　次	2012年11月第1版
印　次	2012年11月第1次印刷
出　版	北方妇女儿童出版社
发　行	北方妇女儿童出版社
地　址	长春市人民大街4646号
	邮编：130021
电　话	总编办：0431-85644803
	发行科：0431-85640624
网　址	www.bfes.cn
印　刷	三河市航远印刷有限公司

ISBN 978-7-5385-6867-7　　　定价：28.00元

前言

设计之道，大巧若拙

“设计之道，大巧若拙”并非是故弄玄虚，因为当下的聪明人越来越多，一些朴实的道理往往容易被人忘记。

很多人知道人脉的重要性，所以他们期望拥有人脉如同中彩票一样，马上能够认识个大贵人，然后得到扶持，从此改变自己的生活。

其实，拥有人脉并非中彩票，而是修管道，要一步步地精心设计，懂得利用一些朴素的、久经考验的规律来改善自己的生活。

我们知道，在一件事情中，一个关键人物是非常重要的，他能左右事情的动向，我们如何来引导这个人为自己所用呢？

例如，你与老王有一面之缘，你想通过他认识老李。

此时，老王就是一个关键人物，他是否愿意做你的桥梁，是否愿意替你铺路呢？

聪明的人都会投其所好，例如，请老王吃饭，给老王送礼，来谋求老王的帮助。

这样的行为未必有错，设计这条管道也不可以说不用心。

只是，在我看来，你最需要关注的问题是：你是否了解老王的心理，你是否了解他的压力在哪里？

你重视人脉，老王也重视人脉，你不吝惜一顿饭的饭钱，老王也未必把一次请客吃饭挂在心上。

有的事情就是这样——“钱好花，事难办”。通俗来说，也就是大部分的人都会赚钱，但他们未必都有能力“办成一件棘手的事”。有的钱，你舍得花，对方却未必在乎。

人们不愿轻易做他人的桥梁，除非你能给他们一个强有力的理由！

这里就有一个技巧。你打算如何与老王沟通这件事呢？如果你说：“老王，请你帮忙，让我认识一下老李，他所在的软件公司很不错。”

那么，老王和你被捆绑在一起，位置变低了，他和你一起变成去求老李帮忙的人。

如果你说："老王，我想和老李认识一下。我的公司正需要他的软件公司那样的合作者，我公司在这方面有强大的优势，我本人也很重视……"

这么说，老王就成了一个能人，一个能够"促成好事"的，也有可能让双方都感谢的人。

这个案例，很简单，只是在一些关键点上，帮助你把握了一些朴素的道理。

另外，这里还要说的一点是，有的事情，真的不是靠金钱、靠送礼就能办成的。

很多朴实、简单的人，缺乏人脉，于是过于迷信人脉，而导致并不会真的善用人脉。

还是给大家举个例子吧：家乡父老看到政府对某些地区的人做了一些有益的事情，于是感觉对自己不公平，就通过很多人辗转找到一位在大家看来有解决问题能力的人，淳朴的乡亲们纷纷表示愿意出钱，请他帮助解决这个问题。

可是，正因为他懂，所以更加知道，这个问题本身就不构成一个问题，这件事情不是用钱就能解决的。这件事情涉及地方政府的财政支出，政府用公正的态度决策，却因财政收入有限不能面面俱到。这样的决策绝不是某个人拍板的行为，定是多方权衡才作出的决定。从这个角度来说，这样的事情，也不是某一个人能够左右的。

他只能对乡亲们解释清楚，但是，有些人听到他说的话，并不能从正面理解，反而以为这只是推辞。这种负面思考就会对别人造成不公平的印象，反而破坏了良好的人脉关系。

大家有时候因为不懂人脉，而缺乏对人脉正确的态度。这让我联想到女明星姚晨的一条微博，大意是家人有些事情，觉得她在北京发展得不错，于是问她在北京有没有认识能说得上话的人，她心酸不已，说："我真的谁也不认识……"

拿这个案例与大家分享是想说一个道理，有人脉之后，要合理地运用，当我们不懂一件事情，遇到一个“明白人”的时候，要学会从正面思考和分析事情。

所以，人脉如刀，越磨越锋利，要敢于使用你的人脉。

人脉如刀，越锋利越要慎用，会用才能保持锋利。

希望本书提供的简单、有效的方法，能帮助您解决最现实的问题！

人脉是设计出来的关键篇

目录 CONTENTS

上篇 观人之微：找到最有效的人脉

把别人变成感恩的人

认同决定价值

止损是多少钱都买不来的一课

中篇
通晓人性：
把人脉用在刀刃上

下篇

学会造势：

让好人脉主动找你

踏踏实实地为造势投资

爱惜羽毛，有的事情要听不见

提防自降身价的细节

上篇 观人之微：找到最有效的人脉

把别人变成感恩的人

为什么你的好总被遗忘

有读者曾经问过我这样的问题：他悉心经营与他人的关系，自己仗义疏财，也舍得为别人付出，可是，为什么他总是遇到一些不知道感恩的人，这些人没有把他放在心上，也没有时常联系他？他发现，他帮助过的大部分人都默默远去，消失在人海了……

我能懂得他的心情，这个问题不好回答，讲一个我自己的经历吧。

大学期间，我在物质上曾帮助过几个生活条件艰苦的同学。大学毕业之后，大家忙于生活也慢慢失去了联系。我能够理解的是：一方面，每个人都有自己新的生活课题，大家真的很忙；一方面，还有可能是这几个同学如此辛苦，好不容易一步步成为白领，过上体面的生活，也许他们不想过多与我联系，是因为有可能我的存在，提醒了他们曾经有过一段比较艰苦的大学时光。

无论怎样，各奔前程而已。大家大概有四年的时间完全失去了联系。

后来，我的事业有了起色。慢慢地，我在同学当中，因为做事靠谱、待人不错，有了一定的口碑。

这几个同学一起联系了我。他们都很真诚，说什么都要一起吃饭。

见面吃饭的时候，大家都很感慨，但每一个同学都不约而同地提到了我大学时期对他们的帮助，提到了自己当时的窘迫，提到了同学之间那种纯粹的帮助与交情。

感激也是一种结交的手段

经历的事情越多，一个人对事情的态度可能就会变得越温和，我不觉得老同学们对我说的话有什么不真诚的地方，我相信他们的感谢是内心里一直都有的。

当然，以前他们把这种感谢放在心里，现在是什么让他们觉得有必要把这种感谢拿出来“晾晒”一下呢？

我心里越来越清楚的是，在这个世界上，当感激都可以成为人与人之间交往的一种方法的时候，你总要靠一些什么来让一些人想要接近你。

如果一个人够强，哪怕他并不用付出什么实际的行动去帮助别人，都有可能经常收到一封感谢信，感谢他的精神。他的存在本身就是一种榜样的力量，这也是一种帮助。

所以说，当发现别人对你缺少感恩心的时候，你要看一下自己当下是否在走上坡路。只要你咬紧牙关，坚持往上走，走到某一个点的时候，总能够重逢一些人。

反之，如果自己发展得不是特别好，那么，你就会发现自己曾经帮助过的人都慢慢地和自己走远了。不是别人不知道感激，而是生活真的很现实，每个人都要在现实的社会中趋利避害，这并不庸俗，我们也不应该去强迫别人成为道德上的完人。

我们自身越努力，价值越大，别人就会越珍惜我们的付出，因为怪这个世界太冷漠是无济于事的，不如让我们更努力！

学会忘记，才能轻松上路

很多时候，我会提醒自己，请忘记自己对别人的帮助。

尤其是有时候我们感觉对别人的这个帮助很大，可在对方人生的长河中，它有可能很大，但也有可能很小。

有个不算太熟悉的小男孩来北京，他找到了我。虽然不太熟，但我还是尽可能地帮助他安排了生活上的一些事情，例如帮他安排住处，让他暂住在我一个朋友的房子里。

他找到工作之后，就顺利地搬出来了。有一天，我到朋友家，聊起这个小男孩，我们俩都再也没有收到过他的信息。他也许刚来北京，还不懂得能有人提供自己的房子给他借住，是帮了一个不小的忙。

于是，我们总结，还是自己的心态有问题，也许只是我们自己觉得，能够给别人安排一个住处，是帮了他很大的忙，可对小男孩来说，并没有那么重要。如果不能够给他安排，他多花些钱住宾馆，也不会无容身之处。他未必一定要对我们有多感激。

这也是正常的，有可能是我们把自己做的一些事放大了。这样反而容易误会别人。

无论怎么样，我们对一个人的好，出于自己当时的意愿，自己愿意去帮助他，很自然地做出来之后，要学会忘记。

忘记不是为了利他，而是为了利己。

当我们对一个人有所期待时，情绪就被对方所绑架，而当对方没有给出你所期待的回报的时候，内心就容易产生一些后悔的情绪。后悔自己当初为什么帮他，后悔自己当时不明白对方是个怎样的人。

这些“后悔”的心情，对自己的伤害是最大的，它会消磨掉一个人的自信，和一个人作决定时的坚定。

一句话回味

不是这个社会人情冷漠，而是我们不够努力！

认同决定价值

认同你的人会找认同他的人帮你

你的朋友要向你推荐一种市面上不常见、你从没有听说过的保健品。你本不想买，但是因为你对这个朋友很熟悉，他的人品很不错，于是，你考虑了一下价格的承受力就购买了。

如果他再让你推荐给你其他的朋友，你如果愿意做这个中间人，或多或少会有一些朋友因为认同你而购买这个产品。

由认同到认同能够产生巨大的价值，道理就是如此简单。但是生活中我们却常常忽视这个简单的道理，我们常常在为那些不认同我们的人头疼。试问，那些认同你的人，你维护好了吗？

你是心怀感激地回应别人对你的真诚，还是当别人表扬你的时候，你无动于衷，但是有人表现出对你并不重视的时候，你却急于表现自己？

平时多花一点时间关注那些认同你，并对你怀有善意的人吧，人脉的作用要靠平时的维护。有一个常见的现象是，有的人很久不联系你了，突然找到你，让你帮个小忙。当然，他可能觉得有点不好意思，就用这样的开场白，来解释他长期没有联系你的原因：“不好意思哈，今天来找你，我这个人吧，平时就是不会搞关系，所以……”

我们只要认真想一想，就会发现这个借口一点都不会让帮忙的人感到高兴，难道平常发个短信问候一声，还需要多会“搞关系”吗？难道平时打个电话，还需要具备多大的能力吗？

多个技能，多个朋友，多条路

平常，你有哪些爱好？

你是否可以尝试把爱好变成一种技能呢？

例如，你爱车，如果能了解更多的关于车的专业知识，这种爱好就能变成一种技能。

你喜欢下棋，如果能够棋艺精湛，再通晓人情世故，该赢的时候赢，该让别人的时候不妨让一让，这也会成为一种技能。

爱好是逐步培养的，但毋庸置疑的是，如果你总是“宅”在家中，就很难培养更多的有互动性的爱好。

现在是一个网络的时代，想培养一个爱好和学习一个技能不是什么难事。你可以先通过网络了解一些基本知识，然后寻找一些团体进行系统地学习，一定有很多的团体等待你的加入。

不要小看这些活动的团体，在不同的环境下认识一个人，对方的心理感受是不同的。宽松的社交环境里，人们放松下来，没有戒备心，通常更愿意交谈，这就创造了绝佳的机会，你可以从这里开始，建立新的社交关系。

现在需要你做的只是一个小小的尝试，可不可以这个周末去一个自己以前不会去的地方，看一看其他人的生活，而不是宅在家中；可不可以在自己喜欢的东西的范围内，增加一种类似专业知识的了解和学习。

可能会有读者在这里有个疑问，那就是：究竟是做自己爱做的事情更容易培训技能，还是挑战自己不爱做的事情才能让自己有更多技能？其实，不妨在你爱做的事情里，去选一个不爱做的事情，这样就会事半功倍。

例如，你不喜欢吵闹，喜欢安静的地方，你总是选择在一些咖啡馆待着，从不去茶楼。那不妨本周末就去茶楼坐坐，说不准你认识的下一个朋友正好是喜欢喝茶的呢？

再如，你爱看书，通常喜欢看小说，那这一次不妨选一个军事类的通俗作品读一读，扩展自己的阅读面。

你爱运动，尝试一下自己不擅长的运动，不经意间就会多收获一门技能。

就这样，简简单单，在“不拧巴”的状态中突破一下自己。

自来熟，熟在相似度

不知道大家有没有发现，当我们去某一家餐厅的时候，如果偶然发现这家餐厅里会出现几张明星脸。你总去，就总能发现偶尔有明星来。如果一家餐厅的人说话都很低声，那么，来这里的人，说话都会把声音压低。

人们喜欢和自己气质相似的地方，在一个地方待久了，就能够把这个地方的空气吸进自己的灵魂中。

人们也喜欢和自己气质相似的人，和什么样的人处久了，就对这样的人天然失去抵抗力，感觉亲切自然。

有的人让你感觉似曾相识，一见如故，是因为他和你有着相似度，这也难怪曾经有楼盘在销售的时候，写了这样的广告语期待打动人心："只与自己品位、爱好相同的成功人士为邻，您的孩子的起步就与优越同步。"

所以，想与成功的人对谈，先从准备一套干练的服装开始！

一句话回味

无论你多想与对方合作，只有对方认同你，你才是1，否则一切都是0。

止损是多少钱都买不来的一课

不认输，源于惧怕否定自己

在你的人际交往中，有没有“鸡肋”型的人？“食之无味、弃之可惜”指的是，他本身有一定的能力，但你与他的交往却总是无法顺利地开展，尤其是对于一些商业上的合作来说尤其如此。

与类似这样的人合作对于一个人来说是一大挑战，这种挑战不是指一个生意的得失，它挑战的是一个人对自我的认识。

我一个朋友有过这样一段经历：很多年前，他刚进入广告圈，与一个小有名气的人谈了一个合作，并按照对方的要求预付了一笔钱。

后来的合作非常不顺畅，对方虽然时不时地与我这个朋友联系、吃饭，合作的项目却久久没有推进，一直拖了将近一年。朋友额外又贴补进去了好多钱，但这个项目却依然没有进展。对方总是有很多借口，有时候说因为太忙，有时候因为个人原因，就是没有办法配合这个项目。

这期间，我们很多人劝他放弃，他也曾面临着自己公司的巨大压力，但是他当时就是迷信对方能够把这件事情顺利地办好。

他如此相信对方，可是最后的结果还是令他失望了，最后的合作不了了之。

这曾是他刚入行时候的心结。我们曾聊起这件事情，他如此理性的人，为什么在当年会如此不理性、不职业化地做事情呢？

开始的时候，他还把责任推给对方，认为对方不靠谱。后来有一次我俩聊天，他不经意地说到，这个名人也和另外的一个熟人有过类似的合作，简单麻利，三个月就搞定所有的事情。

我们都陷入了沉默，没有说话。过了许久，他才慢慢地说：“也许在我自己身上，也有问题。”

凭朋友的智慧，不需要我去点破他的问题。

但是为什么这样睿智的一个人，一件简单的事情却让他纠结了这么久？

这是因为除了理性之外，我们还有很多的情绪，对自我的情绪，对自我的认识。本质上，人的“七情六欲”会蒙蔽我们的理性。

他也许早就感觉到自己遇到了一个不靠谱的合作者，但如果他向公司和其他人承认自己的失误，承认自己看错人，这不仅是对合作者的否定，也是对自己的一种否定。

任何人做“否定自己”这件事情都是需要勇气的，这就是为什么我们常常说“当局者迷，旁观者清”，当局者迷的是自己的面子。

尤其是职位不高的人，更在乎别人对自己的看法，更在乎面子和所谓的“自尊”。

所以，一个人要有“止损”的行动是不容易的，终止一些没有必要的关系，需要放下自己的面子，放下别人对自己的评价，不怕承认自己的失误，才能理性透彻地看到一些事情。

不把你放心上的人，敢于“开除”

我们再来回味上文的案例，朋友当年殷勤辛苦地与一位小有名气的人打交道，对方长达一年都没有配合他的项目。

但是，为什么当这位名人与其他人合作，就能够在三个月内高效地完成合作呢？

答案也许残忍，但有时事实就是这么赤裸裸：对方没有把当时没有资历和背景的朋友放在心上。

社会如此现实，有时候谈一个合作，我们都希望能够以小博大，但大部分情况是：合作的资源是需要匹配的。

当一个人感觉与你的资格不够匹配的时候，即使表面表现得再谦谦有礼，他的内心对你也难免有所轻视。除非你利用自身的优势扭转这个局面，你懂他不懂的东西，否则他不会把你放在心上，你就会处处被动，还会影响合作效果。

每个人都会经历一段青涩的成长时期，每个人都会有一段没有被人看重的日子。那么，如果当你知道自身不够强大，却想拼一次的时候，应该注意什么呢？至少应该注意的是，把自己的时间搭上去会收获一些经验，但是尽量不要附加过多的硬性条件，陪自己去赌。

就像我的那位朋友，当年想要与这个有名气的人合作来让自己建立业绩，对方其实会马上捕捉到他的这个情绪，对方也会看出朋友的意图，会衡量其中的利弊。

谁都不能保证这件事情里一定没有机会，但他当年唯一不该让步的是给对方预付款。姿态可以放低（因为资历不够，高姿态更是暴露出一种自卑），硬性条件却不可以放低。如果实在没有能力说服对方放弃预付款，就应该在预付款这个项目上加上一个条件。也就是说把合作往前再推动一步的时候，当对方有了一定实质性的行动之后，再给预付款，来减少自己的压力。

突破一致性，别被自己牵着走

在日常的交往中，有没有一类人，你开始的时候特别愿意与他相处，后来发现两个人相差太远，价值观完全不同？价值观不同的人也可以成为朋友，但如果他的价值观太负面，就会让你感觉很不舒服。

遇到这种人，你是继续保持联系，还是疏远呢？

人都是渴望保持一致性的。打个不太恰当的比方，逛超市时，你没有认真看价签就买了一样东西。到结账的时候，你发现这件货物的价格远远超出了你预期的消费计划，你是马上说不要了，还是想一想，说服自己买下来？很多人一定是在价格还能承受的范围内，宁愿说服自己买下来，也不轻易说“我不要了”。

就这样，你的购物车上多了一样计划外的东西。

可见人们对自己的行为是渴望保持一致性的，也正如上文所举的例子中那样，人们惧怕对自己的否定。

但是，在选择交往的人的时候，却不能太包容，朋友是要与你分享生命的人，你不能因为可以忍受，而把这个人留在自己身边。

如果你说，今天看的电影真棒，他说，有什么好看的；你说你看了本好书，写得很有道理，他说一切都是假的；你说这家餐厅很不错，他说可是价格太不划算……

这样的人无形中会给你添加很多心理上的压力和负担，不要以为你不需要任何力量来消耗这些负能量。有时候，本来一件很顺利的事情，你突然就感觉有些心烦不想做了，那很有可能是因为你上午的时候本来像一簇小火苗一样有生命力，但是中午被人浇灭了，而产生了不好的情绪。

远离负面的人，对于一段关系来说，既然你敢“拿起”，就要敢于“放下”。

一句话回味

想赢，就别怕输。把认输的事情当作日后的谈资，一个有成就的人，不会因为吹嘘自己过去如何了得而赢得人心。相反，他说的“哥也被骗过”、“哥也干过傻事”会被人们深深地记住。

你永远无法感动一个自恋的人

他的资源你用得上吗

谁都有机会在生活中接触到一些有名气或者有一定资源的人。

遇到这样的人，如果不能保持冷静，迫切地表现出对他们有所求，就容易错失这样的人。

对于做生意的人来说更是如此：小王是个业务员，虽然平时谈成了很多小业务，但是他相信“人无横财不富，马无夜草不肥”，他花了很长的时间去结交一位赵小姐。

赵小姐小有名气，住在高档小区。她也经常参加一些社交活动，小王看到她家满满一面墙都是她与一些社交名流的亲密照片。

小王分析过照片的亲密程度，暗想赵小姐与某位名人的关系一定不一般，拍照的时候她的头都要靠在对方的肩膀上了。赵小姐还结识有名的金融家、著名的地产商，还有演艺圈的名人。再看到赵小姐的日常消费很高、很讲究，小王心里对赵小姐非常崇拜。

为了与赵小姐保持联系，小王知道自己并没有多少经济实力，但是他认为自己有一颗诚心。于是，每当赵小姐需要人帮忙，像收取个快递文件等事情的时候，小王就非常兴奋地帮助赵小姐把这些事情做到一百分。

赵小姐也非常感谢小王，慢慢地也很信任小王，常在小王面前讲她和名人的一些趣事，并"暗示"小王，会在"合适"的时间给小王介绍几个名人认识一下。

小王暗暗高兴。

可是有一天，当小王再次去拜访赵小姐的时候，发现赵小姐已经搬离了这个小区。

他非常错愕，按理说，赵小姐做的并没有什么错，她与小王没有任何商业合作，也没有义务一定要为小王做什么。然而，赵小姐搬家的时候，甚至没有与小王打招呼，让小王有了一种受骗的感觉。

小王想到曾经在雨夜里帮赵小姐去取一份重要的文件，想到请假不上班去帮赵小姐做一些生活上的琐事……他怎么也想不明白，赵小姐难道就一点感动都没有？

其实，小王想要结交赵小姐没有错，想让赵小姐帮忙介绍业务也无可厚非，他对赵小姐有所付出也证明小王是个具备行动力的人。

当然，他唯独不该做的是，对赵小姐太"无微不至"，做了很多不该做的事情。从现实的角度来看，利人利己，利益是要有双向的流动才正常，比如，小王做了很多事情之后，其实也可以进一步试探地问一下赵小姐，是否可以留一个朋友的电话号码，方便小王联系业务的事情。

这些基础的工作小王没有做，因为小王不懂得，有的人看似光鲜靓丽，但是他的资源实际上你是用不上的，因为他自己可能也用不到。

“花花轿子人抬人”的情况很多，小王根本不知道赵小姐与名人的合照，是以朋友的身份还是以粉丝的身份靠近这位名人的，也不知道这位名人是如何看待赵小姐的，也不清楚他们是否相信赵小姐。

更为关键的是，赵小姐显然以接触到这些名人为自己的骄傲，所以才会贴满一整个墙面，她的自恋显而易见。

按照正常的心理来说，她不可能不知道小王对她的“好”是有一定条件的，她更应该知道这种“好”不是因为小王“宅心仁厚”，而是因为她在人情上有回报的必要。

但她内心里没有尊重过小王，甚至离开的时候没有给小王留下任何信息。

也许，越是像赵小姐这样有一定资源的人，越能够摸清别人的心理，越敏感于别人对自己的付出。

例如，一个位高权重的人，他周围的人对他的能量一定是敏感的，他身处其中，关乎自身，有可能更敏感。

说回小王，一心想找赵小姐借力，最终却白白出力。

因为赵小姐敢于“忽悠”他。名人的“忽悠”有时候比普通人要理直气壮许多，因为他们有更多胆量、心胸、人缘。他的某些成绩决定了总是别人理解他、包容他。

有时候，我们会对名人失去原则，试问如果他是普通人，你会用现在的态度对待他吗？

无论你多渴望他的帮助，都请记住：珍惜自己的付出！

靠真诚不能解决所有问题

真诚在人与人的接触中，绝对是非常重要的。当然，不可否认的是，靠真诚不能解决所有的问题。

例如，当你遇到了“不真诚”的人，你的真诚很难得到同等的回应，只能“我本将心向明月，奈何明月照沟渠”。

小吴诚心诚意地谈了一次合作，已经交了全款，对方总是迟迟不肯发货，甚至过了合同期。小吴催促对方，但是对方以各种借口为由不肯发货。

因为促成合作的时候，对方与小吴有所接触，小吴的忠厚善良被对方看在眼里，所以对方没有把小吴的话当回事儿。

几次沟通没有效果，小吴被逼急了，来了一句负气的话：“这批货如果本周发不到，我们已经没有库房存放了，我办事不力，接受公司调岗。至于你们，违约了，按合同处理的事情将由其他人接洽你们。”

没想到，一周之内，货物准时送到。

有的事情就是这么奇怪，不是对方不公正，而是你不该给对方不公正的借口。

在这个案例中，可能会有人觉得小吴这一招的成功是个偶然，小吴的做法不够冷静、理性、职业化。

不可否认有以上的原因，然而事情成功，最主要的原因在于，歪打正着，切中了对方的要害。

之前的小吴好言好语、真心诚意地请求对方履行合同，但是在对方看来，小吴的好态度是因为小吴有求于自己。

而后期小吴成功的原因在于，小吴看到了对方的压力。毕竟在一个合作的关系中，双方都有压力，只是我们总是惦记着自己的压力，忽视了对方的弱点。

当你把自己“安置”好时，对方的压力就随之而来！反而容易协助你把事情做成功。

轻诺寡信是诱惑而非帮助

自恋的人还有一个表现，就是他们不是故意要欺骗别人，有可能是为了让别人崇拜自己，还有可能是完全不懂自己的能力究竟怎样。

有时候，有些人总会轻易地夸下海口，给别人一些他们给不了的承诺。

这样的情况，我们应该如何处理呢？要学会在与人的交际中，去分辨别人给我们的是诱惑还是帮助。

给大家举个例子，如果你和一个认识不久的人聊天，随意间，他问到你现在从事的工作。

如果你说，现在没有工作，你正在找工作。

他说，这不是什么问题，放心吧，我帮你，我认识不少人。

也许他的这个回应，是你内心最需要的，你会感觉这个人好仗义，也会相信他，因为他的话符合你内心的需求。

但是稍微用理性分析一下，就会发现其中的问题。这样一个说话随意、不负责任的人，不会赢得负责任的企业和他人的信任，所以即使介绍某个公司，也多半不靠谱。

什么样的回答才是真正能帮到你的人呢，他会说："你想找什么工作，你期待什么样的工资待遇呢？"

也许当你回答了这个问题之后，他还会了解一些你相关的知识储备或是经历经验之类的问题。

即使他最终愿意帮你介绍一份工作，他也会以一种保守和中肯的态度与你商量，而不是轻易承诺你。

这样的人才是真正值得信赖的人。

一句话回味

逢酒必喝是酒鬼，爱拍胸脯者必寡信！

不战而胜：不追求的反而能得到

骂是骂不倒对手的

谁都有可能在生活中遇到一些“对手”，我们总说要学会欣赏自己的对手，也很希望自己能够做到，但是做到太难了。

如果做不到欣赏你的对手，至少要做到不要骂你的对手。

两人对垒，谁先骂，谁就一定输了。先不说格调如何，只是暴露了自己的愤怒这一点，就不可取。

有时，姿态是件重要的事。中国已故的著名学者梁实秋曾经写过《骂人的艺术》，其中的一条就是要态度镇定。其实他也在告诉我们，任何时候都不要忘记自己的智慧与风度：“骂人最忌浮躁。一语不合，面红筋跳，暴躁如雷，此灌夫骂座，泼妇骂街之术，不足以骂人。善骂者必须态度镇静，行若无事。普通一般骂人，谁的声音高便算谁占理，谁来得势猛便算谁骂赢，唯真善骂人者，乃能避其而击其懈。你等他骂得疲倦的时候，你只消轻轻地回敬他一句，让他再狂吼一阵。在他暴躁不堪的时候，你不妨对他冷笑几声，包管你不费力气，把他气得死去活来，骂得他针针见血。”

你可以从中看到如何“骂人”，还可以学到如何避免一场“骂战”。

你的对手，仅仅是你的对手；你的愤怒，仅仅是你的愤怒，和全世界都没有关系。除了偶尔看热闹的人可能暂时性地叫声好，没有其他的意义。

骂是骂不倒对手的。

你还是应该找准自己的核心优势，正如有个小故事讲的：师傅问徒弟，两条线，如何将其中一条变短？徒弟想了很久。只见师傅拿起一支笔，将另一条延长，问题就迎刃而解了：自己长了，对方就变短了。

你的时间用在哪里，你的成功就在哪里。

别刻意追求别人的认可

当我们有了一些生活阅历后，有时候会好奇这样一个现象：为什么一个人总在辛辛苦苦地追求别人的认可，却总是得不到，还有一些人特立独行，坚持自己的观点，反而得到了他人的认可？

当然，这里要补充的一点是，特立独行的意思并不是指一个人“自私，不把别人看在眼里”，这是有本质区别的。

给大家举个例子，有个年轻人和很多竞争对手一起研究并展示一个产品。大部分人的PPT（一种演示文稿图形程序，是

Power Point的简称）都“科学”地展示了这个产品的价值，PPT当然做得都很有技巧，考虑到了大家的视觉感受、听觉感受，动画效果和顺序设计也都非常好。

年轻人的PPT增加了一个展示，大获好评。他增加的展示，就是很多人看到这个产品时的表情，这些表情把兴奋感与喜悦传达了出来，感染了每一个人。

从这个案例中，我们能够看出，随大流的方法未必好，特立独行未必不行。这个年轻人在细节上比别人多走了一步，就超越了其他人。

有这样的一个寓言故事：一个画家很希望自己能画一幅被所有人喜爱的画，他先很认真地画好一幅画，然后把这幅画放到了大街上，并在画的旁边放上一支笔，一张纸，纸上写着：请你在认为不完美的地方做个记号。

等到画家去取画的时候，他惊呆了，自己的画被标满了记号。可是，他又想了想，觉得再不好的画也不至于如此一无是处。于是，他又重新临摹了同样的一幅画，放到大街上，在画的旁边依旧放上一支笔，一张纸，纸上写着：请你在认为最满意的地方做个记号。

画家再次取画的时候，他再次惊呆了，因为画上也标满了记号。原来，有些人不满意的地方，正是一些人满意的地方。

这个小故事提醒我们，想要所有人都认同同样的事情是不可能的，与其总想迎合别人，不如做好自己该做的事，做自己该做的事。

正如在生活中，有一部分人不认可你，你要做的并不是想他们喜欢什么，努力迎合他们来赢得他们的认可，而是想应该如何把自己手头的事做到最好。当你做好了，他们的欣赏自然就来了。

我有个朋友为人太高调，很多人不认可他，也不欣赏他，但他从来不把这些不认可放在心上。他继续高调地联系媒体，给自己作宣传，为自己做的事作宣传，后来他做的事业越来越成功。

这样的结果，令那些原本不欣赏他的人开始反思了。很多人都与我讨论，请教那个朋友是如何作宣传的，是如何和媒体搞好关系的。朋友俨然成为别人学习的对象。

也就是说，本来别人不认可他的张扬，如果他为了迎合别人，突然变得低调，别人会觉得假，但如果他用张扬赢了这个世界，就赢了所有人。

说“我能行”无须他人批准

两个演员同时进入一个剧组，其中一个人想的是：我要让所有人，从导演到灯光师都知道我会演，震住他们。

另一个人没想这么多，他只是投入表演。

你猜大家会被谁震住？一定是更专注的那一位，专注的态度就是高手的态度。

我们做事的时候，如果拥有这种专注就拥有了一种气场。这种气场会让别人用一种尊重的态度对待你，因为你尊重你所做的事，别人才会敬重你。

人有时候要学会克制自己的杂念，这是一门需要学习的功课。

我们为什么一定要让别人知道我们能行呢，为什么要让自己的行为被别人随意地定义？如果你穿了一件衣服，别人说不好，但是你喜欢，你说你自己喜欢，别人就会顺着你的思路发现这件衣服的好。如果别人一说不好，你自己都不坚持，谁还会再相信你的眼光呢？

所以一味地追求别人的认可是危险的，因为得不到的时候，你会产生很多负面情绪。

就像我们看电视，某女明星总对媒体说：“我好幸福，老公爱我，朋友爱我，观众们都爱我。”我们明知道幸福没那么可疑，但如果她过度地表露，反而会让幸福变得可疑。

人们常常会被电影《肖申克的救赎》感动，被其中人性的力量感动。我们认真体会就会发现，主人公除了有智慧、有头脑外，还有一种不接受被他人定义的勇气。

很多人进了监狱，被别人定义为囚犯，于是自己也就把自己定义为囚犯，行为举止越来越像一个囚犯。主人公打破了这个藩篱。他不被别人的定义而定义，他借一个机会，让音乐纯净的声音洗涤了监狱的一切……

不要轻易被别人定义，做好手中的事，对自己说“我能行”，别人的认可才能水到渠成。

一句话回味

你把自己的能量发挥到最大，对手也会尊敬你！

让自己成为周围人的磁石

你够好就自然有磁力

我有个朋友急需一名助理，让我帮忙介绍个年轻人。

我听了一下招聘助理的条件，除了高薪之外，还有很多其他优厚的条件。更重要的是，跟随朋友工作，会学到很多宝贵的为人处世的经验。

我想到认识的年轻人中只有小周最符合招聘条件。小周是一个既懂人情世故，又让人感觉真实、忠厚的人。于是，我就给小周打电话，问一下他的意思。

小周向我解释了一下，他刚好在处理一件私事，还没有处理完。我含蓄地问了一下情况，我的那位朋友人脉广，完全可以帮小周搞定。于是，我暗示了一下小周，其实可以先与我朋友见面，谈谈工作的事情，再慢慢解决个人的那件事。

小周很聪慧，他马上领会了我的意思，但是他没有答应，而是告诉我，还是想把个人的问题处理好，再来工作。

我没有多说什么。通完电话后的十分钟内，我还有点觉得小周不懂得“抓住机遇”，辜负了我的美意。可是接下来，我打开通信录，再帮朋友寻找新的合适人选的时候，在认识的很多年轻人中，大部分人有太多不合适这个岗位的原因。

我这才发现帮助小周找工作，是他帮我，不是我帮他。因为我帮助朋友找到了一个能干又让人放心的人。

我冷静地想了想，想到我自己都很难做到小周这么自律，明知道做朋友的助理，借助朋友的关系可以解决自己的事情，但是他宁愿放弃这个工作，也要把自己的事情处理好，带着自律的这一份诚意去做一个有社会能量的人的助理。

对于朋友来说，身边如果有这样的人，该是多么幸运。

我知道小周是个变通能力很强的人，却从未思考到他有如此宝贵的品质。

果然，我们足足等了小周十天的时间。他的事情大势已定之后，就干脆利落地上岗工作了。

通过这个案例，我想与大家分享的是，有时候并不一定需要你多么频繁地表现自己，只要你拥有一些可贵的品质，并且深化这种品质，你就自然拥有了磁力。

让熟人成为你的广告

先给大家讲个网上流传的笑话：

一位交警在开罚单，一男子叼着烟过来对他喊道：“你除了开罚单还会干什么？”

交警没理睬，男子继续喊：“有种拖走啊！”

交警很愤怒，男子继续喊：“有种拖走啊！”

交警忍无可忍地拿出对讲机……

拖车时，交警和蔼地说：“下午到五大队来处理！”

男子一笑：“关我啥事！车又不是我的！”说完哼着小曲，骑着自行车走了。

这个笑话据说讲的是，当一个人停车的时候，要关照到周围的事物，不要让自己停车的位置抢占了别人的店面和摊位。不然，会引发最近距离的还击。

人与人交际也正是如此，越是熟悉的人，我们往往越放松自己，不懂维护和保护这珍贵的人脉：每当遇到一些陌生人的时候，就会小心翼翼地表现自己，对已经熟悉的人，说一些自己想说的、容易伤人的话。

其实，越是你的熟人，越需要你用心呵护，他们是你核心的圈子。关系处理得好，他们就是你的广告，处理得不好，“他人即地狱”，他们能最快让你感受到“地狱”。

对于熟人来说，至少要做到最关键的一点，就是保持一份该有的谨慎。你的朋友与你关系再好，也不意味着你什么都可以说。

人们总觉得自己足够聪明，能够很好地使用语言，熟人之间更是用开玩笑的方式来增加幽默，其实并不尽然。有时因各种原因，我们并不能恰到好处地把握自己的言行。有许多忌讳，有许多隐秘的事情，我们并不十分清楚。

很多事情我们可以有自己的态度，却未必要在周围的人面前直白地表露批判。例如，在同一所大楼里相处了两年的一对邻居，一起看电影。看着看着，电影中的某个情节牵动人心，其中一个忍不住说："现在的小三真是太可恨了，破坏别人的家庭，真是应该有条法律，把小三关起来……"

当这个人越说越过瘾的时候，旁边坐的邻居脸色变得越来越难看。

生活中，我们总以为我们认识的人，是我们"认识"的人，可是人是多面而复杂的，我们永远不敢说对某一个人完全了解。

况且，接触不多的人，我们对他的印象更是冰山一角，海下还有更多的世界从未被我们所知。

唯有"少是非、多律己"才能更好地与别人相处，从而做到亲近而不狎昵。

老名单用到最大化

有的人总是对周围的环境感恩，感觉身边充满了帮助自己的人，其实这良好的人际氛围，是他自己挣来的。我们要学会把自己老名单的人巩固住，不必总是急于拓展新名单。

任何人的精力都是有限的，不可能无限扩大关系圈。关系必须建立在"熟悉"即面对面交往的基础上，所以因为时间、精力、阅历都有限，不可能认识无限多的熟人。此时，周围的人就显得更加重要。

通常来说，我们与周围人相处，要把握一种平等的原则，要学会给别人平等的感觉。

在这里要提到，我们常常会听到或看到一些小故事，讲的是，某年轻人很善良，遇到需要帮助的穿着朴素的老大爷也总是去积极帮助，例如，帮老大爷搬重物，或者是帮助老大爷指路，等等。最后发现这位老大爷是某某大公司的总裁或者董事长。董事长给了他一个宝贵的职位，从此他就平步青云。

这样的故事流传也许是为了表现善良的可贵，但流传之广也许还因为它满足人们的一种幻想“最小成本，获取最大报酬”的心理。

我个人是不欣赏这样的小故事的。因为我们帮助别人并不是因为幻想将来得到什么巨额回报。客观来说，遇到“乔装改扮”的贵人，这样的机遇无异于中彩票。

我们只需要量力而为，做自己力所能及的事。

这个故事中，有一个道理往往被我们忽视，虽然我们不要去幻想帮助的这个老人会是某个大公司的董事长，但是有的贵人的确并不起眼。可能是“混得不如你”的同学，他没准儿有个亲戚可能会大量采购你的产品，或者是某个职位没有你高的同事，他也许会给你介绍一次不错的合作……

这些关系的经营并不需要“如胶似漆、有意为之”，而是需要我们用平等的态度对待他们。千万不要因为自己暂时混得不错，就瞧不起他人，觉得别人都应该来尊重你、讨好你。

要知道当你的朋友需要买一款数码相机的时候，哪怕你是世界500强企业里光鲜的白领，你可能都不如他的某个卖数码产品的老同学来得实惠。

不高估自己，当你真正拥有了平等的态度的时候，你的老名单上的人不仅会从心里尊重你，还有可能给你带来新的机缘。

一句话回味

当一个人不做自己该做的事的时候，就容易去想自己不该想的事。

老实人的武器就是“老实”

“精明脸”的人有时候易吃亏

生活中，你愿意与什么样的人相识，并且不设防地和他有进一步的了解和交往呢？

多半情况下，这个人应该长了一张“老实人”的脸。

这里要补充的是“老实”这个词的意思，并不是很多人理解的那种“笨拙的憨厚”。

一个拥有人脉的“老实人”，可以不长一张“精明脸”，内心却要清楚自己做的事，以及对自己做的事情要有坚持、有判断。

给大家讲个例子：公司找了一家供应商，这家供应商的特点是产品的价格昂贵，一把普通的办公椅价格比其他供应商提出的价格高出了好多。负责人找供应商谈了好几次，对方的态度总是非常温和、诚恳，但是价格上没有做出大的让步，他们固执、诚恳地坚持自己“一分价钱，一分货”，负责人感觉他们“轴”，不懂变通，但还是接受了这次合作。

后来公司又有需要，有新的供应商表示想要与其合作。新的供应商提供的椅子与老供应商提供的外表看起来没什么区别，但是价格很便宜，他们也特别会“做人”，还常常拎着好茶送给相关的负责人员。

过了不到半年，新找的这家供应商提供的椅子总是出问题，员工总是联系修椅子。这种事情的频繁发生，干扰了员工的正常工作。

相关人员这才发现，从最早的供应商那里购买的椅子至今都没有坏过一把！而想到新的供应商送的茶叶等礼物，公司的人越发地感觉他们在用质量不好的产品骗自己。

这时，经历了一些事实论证之后，公司对老供应商建立起了“再信任”，比最早的合作要坚固许多。

后期有很多合作，公司开始主动联系他们，并且价格上不再与他们多次谈判，也不会有太大的争论。

有人问老供应商，你们怎么会那么“精明”？对方回答：我们只是老实人，不会像别人那么“精明”地做生意。

从这个案例中，我们能够重新理解“老实”这个词，“老实人”其实“不老实”，只是他们更懂得规划自己，并坚持自己的原则。

而那家新的供应商，因为长了一张“精明脸”，即使再八面玲珑，也会被大家误解为心虚的表现。

所以，对于一个人来说，不要让自己长上一张“精明脸”，你的老实应该在外表，你的内心应该学会“算大账”。

学皮毛不如学风骨

一个人越老实，内心越有力量，做事就会越踏实。

反之，聪明人是不喜欢按部就班地用老方法去做事情的。

给大家讲个案例，当年我刚工作的时候，一直不明白我的一位领导老魏为什么特别反感一个叫小李的同事，因为小李的性格特别外向，也特别愿意与人分享他的工作经验。怎么看，他都是一个八面玲珑的人。

小李对老魏就更不用说了，嘴很甜。他也很愿意表达对领导的仰慕，即使再多的人听这些话都觉得有些假，小李也说这是他的真心话，他不怕别人的评论。

后来一个偶然的机会，我才知道老魏讨厌小李的原因。原来，小李给老魏的一直是好听的话，而给另一位领导可是扎扎实实地送了份厚礼。

天下没有不透风的墙，老魏知道这件事后，小李越是嘴角抹蜜，老魏听起来就越是讽刺。

有意思的是，老魏并不喜欢那些送礼之类的风气，大部分同事从来都没有给他送过什么礼物，他也不稀罕什么礼物，也没有对这些同事有什么意见。

但是老魏偏偏对小李产生了很不好的抵触心理。

道理其实很简单，如果小李从来不送礼，那么大家就接受了他是这样一个善于口头表达，却不擅长以实物言谢的人。

但是小李给另一个领导送了礼物，就证明小李很懂这一套。那么，很懂这一套的人，却如此厚此薄彼，才会令人不舒服。

所以，有时候做老实人才是不累的，送礼这样的事情，最好不要轻易用，因为你一旦用了，以后你就上瘾了，而别人看到你上瘾了，他也就会上瘾了。

老实人也不必学这样的一些小聪明，与其让自己看起来又老实又不老实，不如学一种“大智若愚”的情怀。有一句话叫作“Less is more.”，是著名的建筑师米斯•凡德洛说过的一句话，意思是“少即多”。

这是一种提倡简单、反对过度装饰的设计理念，生活中也同样如此，简单的东西往往带给人们的是更多的感受。

没有完美，只有合适

越是老实人，精力越集中；越承认自己的缺陷，就越知道自己不行，反而越想做好手头的事。

如果一个人自我评估，不是那种“一鸣惊人”的人，就要清楚此刻的自己能做点什么，能做好什么，就用心老老实实地把一件事做好。例如，我一个做艺人的朋友有一个助理，这个助理是个憨厚的小姑娘，说不出哪里好，就是谁也替代不了。清晨，助理陪朋友去电视台，还会根据情况，给一起参加电视节目的某些人准备一份早餐，恰到好处，很自然地表达一份关心和善意，诸如此类，总是给朋友一些惊喜。也就是说，做一个助理，就要做不可被迅速替换的助理。

网上曾流传这样一小段视频，是《人与自然》这个节目播放过的一个画面：一望无际的非洲拉马河畔，一只非洲豹向一群羚羊扑去，羚羊拼命地四散奔逃。非洲豹的眼睛盯着一只未成年的羚羊，穷追不舍。追逐的过程中，非洲豹超过了离它很近的站在旁边惊恐观望的羚羊。

耐人寻味的地方就在这里，挨着它的羚羊并没有让非洲豹分心，它一次次放过这些羚羊，还是一直追逐着原来的那只。终于，它追到了。

这个故事给我们传达的道理是“只追一只羊”，那些挨得很近的羊，不过是扰乱它的一种诱惑。如果它真的放弃先前的那只羚羊而改追它们，结果未必追上，因为它已经跑累了，而其他的羚羊并没有跑累。

如果非洲豹随意改变自己的目标，其他的羚羊一旦起跑，转瞬之间就会把疲累不堪的非洲豹甩到身后，非洲豹最终一无所获。

老实人的成功有时候就是因为它不会高估自己的能力，而是踏踏实实盯紧自己的目标。

一句话回味

老实人憨厚地笑笑，别人就愿意为他做的事，有的精明人要费很多力气，才能做到！

操控对方的情绪

只有秘密可以交换秘密

我们回顾那些和我们心灵距离最近的人，大部分的人是与我们分享过生活中一些秘密的人。

现在人与人之间的关系变得复杂，人们不敢轻易与别人分享自己的信息，于是有一些正常的信息也会被刻意封闭起来，成为一种秘密。

有时候，我们要学会放轻松，有一些秘密的交换，会拉近你与别人之间的距离。毕竟，人际关系的发生是一种互动，你适度地分享一些信息，有利于别人对你放心。

小董做女子美容的生意，她和顾客的关系特别好，而且她自己也懂得，客户相信她的美容机构、把自己最在乎的“颜面”交给自己打理，就一定需要一种放心。

想想看，除非紧急情况，一般情况下，谁能轻易把信任交给一个陌生人呢。

小董非常懂得的一点就是不与客户套近乎，却能够潜移默化地让客户感受到亲切。

比如，她不会刻意地套问顾客的秘密，因为对待第一次来的顾客，重要的是让顾客没有压力，感觉她的专业和放松，但同时，又不能够太冷漠，让顾客感觉不到对自己的重视。

小董一般都会从皮肤状况、保健知识，或者是化妆品知识入手，尤其是对平时使用一些中端化妆品的顾客，她更不会给对方压力，这会让对方感觉心头很舒服。

比如，她会拿自己以前的经历与对方分享："刚来这个大城市，没有资金开美容院，所以我卖过很长时间的化妆品，也发现了化妆品很多的秘密。有的化妆品看起来名声很大，里面的成分其实与另一款产品差不了太多，主要改变是在气味上，护肤功能也差不太多……"

就这样，从分享自己私人的经历开始，到讨论化妆品，客户会了解到小董是个很积极、很努力的女人，而且，她对化妆品这件事情在行。这样，顾客到小董店里去订一套化妆品也慢慢变成一件顺其自然的事情。

有时候就是这样，你主动对别人说："我们聊聊吧。"对方还是无法进入一个放松的状态，而你从自己的个人经历入手，先聊聊自己倒是一个不错的选择。

从小董的案例中，我们还可以学习到的是，分享一件事情的时候，要把握分寸，分享自己的过去，首选无害的，还不能破坏专业形象，最好是选那些能够为自己现在从事的事业铺路的故事。

过度的信任是一种伤害

我们给予别人一份信任，有时候就像是我们送了别人一份礼物。对于接受这份礼物的人来说，你送的礼物未必是他想要的，那也就未必能让他愉快。

有如下三种情况，这份礼物不要轻易送出：

第一，我有一位很有影响力的朋友，有时聚会的时候，我们会拿他的微博粉丝说事儿，说他的粉丝涨得很快，而且活跃度也很高。

他好像并没有特别兴奋，反而向我们解释他不转发一些“悲惨”微博的原因，因为这样的信息实在是太多了，而且也难以分辨真假。以前私信他的人比较少的时候，他总能帮助一些需要的人转一下信息。现在需要他的人太多，不知道该帮谁了。

我们听了后只能对他表示谅解，也能够从他的状态看出，别人发的一些信息，在他这里未必有效。有的人信他，得不到他的帮助反而生怨。

第二，我有个朋友由于工作原因，认识了一批做某类型培训的讲师，一个圈子的人关系都很不错，原本一直有来有往，互通有无，他也很放心地把一些人介绍给合适的讲师。

有一天，其中一位讲师与我这个朋友聊事情的时候，没有避讳地承认了他与自己的女助理有不正常的关系。原本大家只是开开他俩的玩笑，也没人当回事，可是这位讲师在他面前承认了这件事，朋友猛然间对这个人的信任度降低了。在朋友看来，一个人对于婚姻的忠实度如此低，那么对别的事情就更谈不上什么忠实度。

这件事情影响了朋友与那位讲师的合作。

第三，过度信任就是一种放纵。一个朋友为人豪爽、仗义，大事上总是赢比输多，小事却总是烦恼不断。

例如，他联系了一家厂商送货，问了一下对方送货的一些情况，对方给的信息让他觉得很满意，于是没有要什么书面协议。朋友相信了他们，也没有严格审核后来协议的细节。

结果送货的时候，总是麻烦不断，对方要求加钱不说，货物到了之后，朋友发现有破损，想要求赔偿的时候，发现协议里赔偿的百分比太低，即使对方赔偿了，对自己也没有多大的补救作用。

这也提醒我们，在与一些陌生人的接触中，不要与人性打赌，别太相信口头承诺。要记得：给别人必要的约束，一定程度上就是不给别人犯错的机会。

把批评变成关心

当你认识的一些朋友信任你，开始与你分享他的个人信息的时候，如果你不赞同，要学会用正确的语气去说，不要让你的关心被对方当作一种批评，也不要让你的批评使对方感觉太刺耳，难以接受。

女性之间会经常分享自己的情感秘密。每个人的生活都不是十全十美的，比如，另一半是个粗线条的人，可能对她缺乏一些关心；另一半是一个出入人前潇洒讲究的人，可能在生活中就把自我看得最重要；另一半是个有雄心壮志的人，可能就对感情付出得太少。

种种现象，足以找出无数条抱怨的理由。

如果你要告诉她，既然你选了有钱人，就该忍受他对你的无视；既然你选择名人，就该为他放弃自己的舞台；既然你选了一个经济条件不好的人，就该忍受他的小气。

这样的安慰，很难让对方接受，还有可能因为你不当的态度，破坏掉原本良好的关系。

其实，没必要那么紧张。曾经看过一个测试，如果把所有人的痛苦放到一起，让人们来领一份，很多人表示还愿意领取原本就已经在承受的那份痛苦。

人的适应能力是强大的，在一些事情上，理解别人就是尊重别人。

当然，如果真的有一个朋友误入歧途，介入了别人的婚姻，她向你分享了她的隐私。你可能被置于一个要对自己良心负责的情况下，这时你也没必要用“别做小三”之类的语言刺激她，不是有一句话这么说的吗：你一个大好人，为什么偏偏在别人的故事里做配角？

这句话是很巧妙的，它在对现象的不认可中表达了对个体的认可，它在批评中表达了对他人的关爱。所以被流传了好久。

无论遇到什么人，要相信，人的本性向往光明、美好的一面。

一句话回味

信任就像一张纸，皱了，很难平复。学会约束他人，不要轻易给别人弄皱它的机会。

孤独是高手的游戏

别给封闭找借口

有两个词，现在被更多的人用来形容自己：“宅男”、“宅女”。

这是当下忙碌又疲劳的生活中，人们追求的放松方式。

“宅”成为偶尔的安排，用来休养生息不错，可不要演变为习惯。大家会发现，越是很重要的人，越可能被安排一些饭局，他就越习惯同别人一起吃饭、一起交流，而后他就会变得越来越重要。

如果一个人对自己的事业有上进心，希望自己能够做得更好，就要行动起来，让自己多和别人建立起联系，而且还要注意和不同的人交流和联系。对于年轻人来说，你知道比你年龄大的人怎么思考一件事情吗？你是否因为从小学到大学接触的人都是同龄人，而习惯把自己固定在某一个圈子里，而失去了对人情世故丰富性的体察？如果是这样，初次踏入社会，你一定会感觉非常茫然，因为接触的不再是同龄人了，打交道的也不再是同专业的人了。

在还没有遇到困难的时候，不要宅，不要为自己的封闭和懒惰找借口，走出去看看，你会有不一样的感受。

给大家举个例子：著名的小品演员、本山传媒集团的董事长赵本山在国内受欢迎的程度无须赘述，按照很多人的思维，像这么受欢迎，同时有威望的人可以在家里宅着，出门就等着别人请吃饭好了。

看看赵本山是怎么做的：他积极利用自己的影响力，同时也在努力巩固自己的影响力，为了在电视圈以外和大家有很好的关系，他还掏钱去某商学院学习。

他曾面对媒体，很实诚地讲到，读商学院就是为了认识更多的人。

想想看，商学院不但传授知识，的确还能够给赵本山扩充电视圈所没有的人脉，来商学院学习的都是一些商界的精英。有的商学院也非常懂得利用这个资源，为了方便学员的人脉积淀，成立了相应的同学会或者俱乐部。

据说赵本山在商学院的俱乐部和同学会里是很活跃的人物。因为性格好，赵本山和商学院的很多同学都成了朋友，例如有一位著名的企业家，在上课第一天就与赵本山同桌。赵本山喜欢高尔夫球，他与很多商界的朋友也是在球场上增进了解的。在欢迎商学院师生的晚会上，赵本山就遇到了来商谈合作细节的一些影视投资者。

由此可以看出，就连这样有人脉的赵本山依然要去扩充有价值的人脉，我们就更不能宅在家里幻想人脉了。很多人说在网上聊也能增进人脉，在我看来，上网只是其中的一个途径而已：网上聊千句，不如一顿饭。

选择低调需要资格

很多人对与别人相处，内心都有排斥，在遇到一些合作的时候，也保持不主动、不拒绝的态度。

这种低调和淡定的态度，还不太适合缺乏人脉、对事业有上进心的年轻人，毕竟选择低调是要有一定资格的。当你的实力让所有人仰慕的时候，你才能够低调。有些大人物会先判断你对认识他是否有足够的热情，来决定与你以后如何交往。孤独是高手的游戏，如果你还没有达到高境界，孤独这杯酒，你是端不起来的。

尤其是在公司里，更不能孤僻，也不能太低调，要敢于表达自己。在你表达的过程中，可能会与别人产生一些摩擦，但是这些摩擦是有意义的，如果没有这些摩擦，别人以为你的性格就是怎么样都行。等到你真正要下决心做一件有意义的事情的时候，你会发现，大家对你的配合度不会很高。

平时可以不张扬，但是却要有自己的坚持，在语言表达上要温和而坚定，当你敢于表达自己想法的时候，别人才会认真对待你。

那么，如何做到温和而坚定呢？

这里要提醒的重要一点是，不要轻易贬低自己。

无论在什么情况下，尤其是在着急上火的时候，不要因为一时气话而落人口实。例如，一件事情明明是对方错了，对方没有听你的劝告，结果犯了错误。那么，你就要敢于表达你对这件事情的不满意，并有理有据地沟通这件事情。你千万不要这么说：“全都怪我，怪我对你太心软，才出了这么大的错。”也许你的本意是好的，很好心地想替对方把尴尬化解掉。但是导致的结果有可能是对方说“对，就是因为你开始的时候没有严格要求我，我才会马虎。第一责任人就是你。”

你应该说：“我提醒过你注意这个问题，可是你有自己的安排。不过既然出现了失误，现在让我们想想如何妥善处理这个错误吧。”

除了发生错误的时候如此，还要注意平时开会需要发言的时候，不要太低调地说一些伤害自己形象的话，例如，领导让你发言，你可以直入主题，但是不要说：“我的想法是很肤浅的……”

谦虚和自我贬低是两回事。你要相信自己说出的每句话都有价值，更不要过度为自己表达的意见作注解，那只会让别人听不到你真正的见地。

以事为先，突破自己

平时，我们总说有这样一句古训“多一事，不如少一事”，然而有的事要分情况，来选择是否参与。

在能力范围内多承接一些事情，你自然就会逼迫自己突破自己。

给大家讲一个故事，比较容易理解：我一个朋友开了一个小公司，在业界并不是很知名。一个偶然的机会，他参加了一个媒体的活动，他天性中积极的一面就发挥了出来。

其他的企业家参加之后，都是一副“我是被请来的”的样子，仅限于配合主办方的活动而已，而朋友甘愿往自己身上揽事。因为他在创业之前，也是一位媒体人，所以他和主办方有着非常好的互动，并在私下去找其他人聊天。休息的时候，他提供一些参考性的意见给主办方，并能动手帮助主办方安置一些细节。

活动期间，朋友一直如此，高调地提供意见，并主动帮助对方。

就这样，活动很顺利地开展，活动的规模也越来越大。就在其他企业家开始意识到这个活动可以植入广告，投入资金赞助的时候，朋友的名字就已经出现在了赞助方的一栏。当时朋友并没有支付大量的资金，就被主办方誉为“战略合作伙伴”。

有一些能为朋友公司宣传的活动，主办方当然想到他了。水涨船高，朋友的小公司开始具备一定的知名度了，更多的人对他的信任度开始变高。

可以说，他花最小的成本，就办成了一件推广自己公司品牌的大事。我作了如下总结：先做事，再成事；先付出，再得到。

人们在做事的时候，容易启动大脑里的一套“计算系统”，喜欢少失多得。当人人如此的时候，如果你能用“欲先取之，必先予之”时时提醒自己，你会因与众不同，拓展出更好的人脉。

一句话回味

就算天上会掉馅饼，也需要你跑起来或者伸出手去接住。

你若强大，小人变君子

增加别人得罪你的代价

你可以有意识地提高自己的道德水准，却无法要求自己遇到的每个人都是君子。

小人在生活中不多，但出现一个就会让人不胜其扰。在这里，我们不可以随便把一个有缺点的人界定为小人，有些时候“损人利己”是职场中客观的资源有限导致的现象。一般情况下，小人是自身道德存在严重缺陷，是那种“损人不利己”的人。

曾经看到了这样几句关于小人的顺口溜：不是我争权夺位，是你给我让位；不是我逼你跳槽，是你关系不牢；不是我油头滑脑，是你人头猪脑；不是我贪恋功名，是你不懂行情；不是我狡猾阴诈，是你实力太差；不是我弄虚作假，是你真的太傻。

仔细看看每一条都来势汹汹、底气十足，所以，我们以前总说“有理走遍天下”，在对付小人这方面，这一条并不管用。小人最擅长的是把没理变成理直气壮。

所以，最好的方法是不要总想着去和小人搏斗，要记住你的目标在哪里，要在工作与生活中多承担一些事情，通过多做一些事情，把自己历练出来。

当你能力提高的时候，小人是最会算计得罪人的成本的，得罪一个普通员工和得罪一个得力员工的成本是不一样的。

小蔡刚进公司的时候，很单纯，有个叫吴德的同事对他总是很亲切，他觉得吴德是个“好人”。

那时的小蔡不懂：有的人脸冷未必心冷，有的人脸热心却冷。

慢慢地，他发现有些周六日值班的事情，吴德总是很“亲切”地和新来的员工们商量能不能互换时间。大家都是新来的，不大好意思说不同意。

最重要的是，吴德不但从新来的员工那里找到一些这样的“实惠”，还莫名其妙地对别人的业务进行破坏。有一次，一个新员工经人介绍认识了一名潜在的重要客户。新员工也没有避讳，大家都知道客户的名字叫陈涛。一天，新员工不在，他工位的电话响了，吴德帮忙接电话，接起电话就很不耐烦地问：“你是谁，要找谁？”对方说了是陈涛之后，他当然知道陈涛是谁，但是态度还是特别不客气，甚至有点挑衅地回了陈涛几句。

这件事情被那个新员工知道了，他忍不住火气，找吴德理论。

可是，一个是职场菜鸟，一个是职场老油条，新员工有再多的道理，都架不住吴德的“胡搅蛮缠”。最后这个新员工实在受不了，开始动手的时候，被大家拉下。后来的结果就是新员工被辞退。吴德最大的特点就是第二天照旧精神抖擞地上班，好像什么事情都没发生。

这给小蔡上了生动的一课，他知道有的时候只凭道理和勇气是不能够解决问题的，他与吴德拉远了距离。当吴德用言语挑衅自己，小蔡一笑了之；当吴德占点小便宜，小蔡不予计较；当吴德要和他“推心置腹聊天”，小蔡表示自己资质一般，工作太忙，时间紧张，只能改天再聊。

工作了一年之后，吴德对小蔡的了解还是停留在一些最基本的信息上。他还没琢磨明白小蔡是个什么样的人，甚至觉得小蔡是个有点傻气、死板的人的时候，小蔡成了先进员工。不论发生什么事情，小蔡对吴德做的事情就是封锁个人信息，让吴德无处下手。工作上，他很专注。三年后，吴德成为他的手下员工，对小蔡言听计从。

小蔡当然也原谅了吴德很多的问题，他对吴德的工作量进行了调整，让吴德没有闲暇的时间去琢磨别人，只能按时完成自己的工作，上下级之间相处得并没有什么大问题。

从这个案例中，大家能看到，当你强大的时候，宽容那些小人并因势利导，其实不难做到，可万一你处于低谷，想报复也不见得有机会。

不排斥、不附和是一种态度

一个人行走社会，遇到的人是多样的，如何同那些与你完全不在同一个沟通频道的人接触呢？

要有一颗豁达的心，不排斥他人与自己的差异性，还要适当地坚持自己的原则。

刘静是个女性管理者，但她基本上不参加什么酒局。

大家并没有因为她不能喝酒，觉得她“不懂事”。

有人邀请她的时候，她总是真诚地感谢，然后拒绝。有一些男性，在她面前说了一些不大健康的段子，她不会像有些女孩那样很清高地表示排斥，但是也绝对不会附和，她的表情纹丝不动，整个状态平静得似乎她什么都没有听到。

就是这种“出尘”的态度，让大家非常敬重她，觉得她大气又正派。

当然，她并非不邀请别人聚会。每一年结束了，有一些不错的客户和朋友，她会安排在年后约他们小聚。不要小看年后的请客吃饭，这是很有深意的。过年前，大家都抢着聚会、吃饭，每个发起聚会的人和赴会的人都更像是完成任务一样。这样的时候，刘静不会安排饭局，但礼数不可少，礼品卡一定会精心设计好，一一送到。

过了年之后，人们难免觉得冷淡、清闲，此时，刘静安排的饭局清淡、雅致，更加深入人心。她点菜的时候总是很关心对方的口味，但是酒就免了。有意思的是，原来很多酒量好的人也没有想象中那么想喝酒。在优雅又安静的刘静面前，被邀请的那些有时候会在别人的酒局“闹酒”的人，都会变得彬彬有礼。

在这样的氛围内，才能真正地进入聊天、吃饭、交流的状态，请客的目的才真正达到了。

有些事，并不是用力就能做好，但用心，一定能做好。

什么材料会被用来做什么

有一个很出名的笑话，说一个喝得烂醉的人在路灯下拼命地找着什么东西。

一个过路人问他在找什么。喝醉的人说在找钥匙。

过路人就帮助他一起找，可是什么都没有找到。

过路人问道："我怎么都找不到。您大概是在哪儿丢的钥匙？"

喝醉的人指向了街道旁边的黑暗处。

过路人吃了一惊："天哪，那您为什么不到那边去找？"

喝醉的人愤怒地看着他，说道："为什么？因为这里比那边亮！"

也许大家听起来，会觉得这就是一个笑话。然而，我们有时候，清醒着，对事情的判断也如同一个喝醉的人那么不清醒。

我认识一个年轻人。他年纪轻轻却因喝酒太多，忍受着胃痛的折磨，十分痛苦。他想一切从头开始。

聊天的时候，我问他，这次因胃病住院，是否反思到一些问题。

他没觉得自己有问题，他说："遇到了坏心的领导，我才26岁，就喝坏了胃。如果我是他家的孩子，他能这么缺德总让我替他喝吗？"

我直白地打断他："不要说别人的问题，想想看，自己哪里还有不足？"

他觉得自己是受害者，当然不觉得自己有任何问题。我给他作了个比喻，有一只蜘蛛，它结了网，网住了虫子，它得到了利益，但是它也损失掉了其他觅食的方法，它自己也得一辈子待在网中央。

年纪轻轻发现自己能喝酒，就用喝酒来取悦领导，深陷其中，反而只抱怨领导不知道顾及自己。

如果你把自己当作挡酒的人来用，你就只能一直挡酒。如果你把自己当作奉承他人的人，你就只能一直靠奉承别人赢得好感。一个集体中，一定有多种角色的存在，你可以自己进行选择，例如，你是大家的开心果，或者你是他人倾诉的对象，你是敬酒高手……这些角色都有一定的意义，但都不是强大的角色。

如果你把自己当作一个强大的人，你才能越来越强大。

当一个人真正明白了这个道理的时候，他才能真正醒来，才能建立起健康的交际生活。

一句话回味

别做蜘蛛，网住了虫子，却把自己的一辈子也锁在了网中央。

抓住对方的隐秘心思

号称排斥的，其实是他想要的

很多人在乎的东西，因为有一些顾虑，未必会说出来，这就需要每个人在与他人的交往中，学会用心体察。

我认识一个很优秀的女性朋友，今年32岁，未婚。由于事业有成和家庭出身的优越性，只要接触她，就会发现她整个人都散发着骄傲的气息，很少有人愿意与她交流。

曾经我对她也是敬而远之，偶然的一个机会，在一个慈善捐款的活动中，我注意到她是个很善良的人，于是跟她有些交流。她最常说的一句话是："我不在乎别人怎么看我，我只要自己活得痛快就可以了！"我知道她有一大群女性的粉丝，她们都很崇拜她的这种态度。

不论谁问到她是否考虑过婚姻，她都是一副无所谓的样子，表示状态不错，可以一个人过属于自己的精彩人生。

近期得到消息，这位高傲的女士闪婚了。闪婚的对象绝对不在高富帅的行列，据说是一家普通公司的普通职员，一个话不太多的老实人。

两个人是在一次户外活动中认识的，对方不知道她的背景，就是正常地追求她，然后她就选择了婚姻。

一些朋友在祝福她的同时也有不解，为什么一个普通人有勇气追她？

也许，他并不需要多少勇气，只因他没有听到她说的那些“脱离婚姻，完全自我”的言论，所以没有什么压力，就求婚成功了。

这属于一个典型的案例，是在提醒大家，一个人未必说出来、表现出来的强势就能代表他的内心真正坚强。

我以前认识一位商场上以“老辣”出名的企业家。据说六亲不认，软硬不吃。与别人说话的时候，他也是一副居高临下的姿态。每当他走在路上的时候，你会感觉似乎整个世界都要为他让路。

就是这么有气势的人，有一次，他接了一个电话后泪流满面，他的女儿患病，前妻不允许他去探视。有传言说，当年离婚的时候，他与前妻为了争房产闹得不可开交。

别人都以为他六亲不认，对家人毫无感情，可是现在的他什么都有了，唯独在亲情上有缺憾。我介绍了一位老中医与他认识，他把老中医介绍给了前妻，只要对女儿的病有帮助，他可以遵守前妻的要求——不打扰、不探望。

在我介绍他认识老中医之前，我忐忑过，担心自己这件事是不是做得太多余了，但是后期证明，这个人外冷内热，他总是用冰冷的语气给我打电话，然后给我介绍了一些不错的合作。在我对他说谢谢的时候，他也从不啰唆，也不客气，还是冷冷的。

这个案例是告诉大家，虽然有的人外表就是那么冰冷，并且做出一副排斥别人的帮助和同情的样子，但是他们也许内心需要的就是这个东西，毕竟人心向善。后来，我才知道，当初他要房子的初衷只是因为要用房子抵押贷款，他的事业只差这最关键的一步就能起步，当然不肯轻易放手。

习惯于冷冰冰的人通常比较现实，甜言蜜语是不会让他动心的。你要学会体察，也许你给他提供的是他真正需要的东西，也许会是他自己都不知道的真正需要的东西。

瞬间的表情更有玄机

古人说："胸有惊雷而面如平湖者，可拜上将军。"

如果大家细心观察会发现，很多做大事的人，往往有点面无表情，这可能是先天的一种淡定的气质，也有可能是后天的一种需要。

有个小公司在谈一个投资项目，双方谈判了很久。为了拿到这笔投资，这家小公司几乎把自身所有的优势都呈献给了对方，显得很靠谱、很真诚。

慢慢地，投资方发现没有什么太大的问题，内部人也都觉得可以把资金投给小公司。小公司的人通过找人打探，知道这件事情八九不离十能成。

为了让关系更近一步，双方约在一家高档的大酒店碰面。

当对方说到投资的事情基本上没太大问题的时候，小公司的这位领导和他的一个下属没有表露出惊喜的表情，显然他们已经知道了这件事情。

可是要命的是，俩人之间互相传递了一个眼风。

这个眼风被对方看到了，进行了很多种解读，虽然觉得小公司也许没有什么欺诈的行为，但还是让人心理上感到不安全或者是不舒服。

我曾经在《攻心话术》中详细地讲过人们有个共同的心理，那就是喜欢自己赢，不喜欢自己输，不喜欢别人赢了自己的感觉。

可是，这个眼风最大的象征意义就是："赢了，投资的事情成了，我们赢了！"

事情发展到最后，虽然投资的事情最终还是谈成了，但是距离原本要签约的时间整整晚了半年。这半年的时间，投资方进行了更细致的调查工作。

这几乎就是一个瞬间表情的不淡定引发的麻烦。

其实人们去买东西也会发现如此，如果付账的时候，对方格外兴奋，买者心里就会觉得是不是买贵了、被骗了、吃亏了？

哪怕对方给你的真的是最公道的价格，你还是会因为他的一个表情而怀疑自己的决定。

串联对方的行为

面对捉摸不定的人，要用自己敏锐的观察力来发现他真实的心思。

举个例子来讲：

小李是一家商场某品牌冰箱的销售人员。

一天，商场来了一位打扮很时髦的中年妇人，她说："给我介绍一下冰箱。"

小李说："您是想看个什么价位的呢？"

她说："我不在乎价位高低，主要是看性价比。"

于是，小李就把她带到了很贵的原装进口的冰箱前介绍。

可是她边听边拿出手机发信息，心不在焉地听小李说完，她说："不要这些笨重的大冰箱。"

小李就把她带到一批中档价位的冰箱前，又开始介绍这些冰箱的功能和特点。顾客好像并不满意，她的眼神开始游离……

后来，顾客随意说了一句："我喜欢精致的东西。"

小李把她带到小冰箱（价位偏低的）前，展示小冰箱的功能。显然，这次这位顾客比较耐心地听完了介绍。

然后她随意地问："最近买冰箱有什么优惠活动？"

小李介绍了几个活动。她认真地听完，然后拿走商品的广告页，表示会考虑一下，就翩然离去。

在这个案例中，有心的读者可以通过对这位顾客的语言和行动的描述判断出，这位中年女性也许最在乎的就是冰箱的价格。

无论是因为好面子，还是出于个人习惯，她就是没有说出来。小李开始问的就是对方想要什么价位的，这个问题问得太过直白，她不想说："我就想买便宜的。"所以她使用了"性价比"这个词，可是小李居然没有发觉，只是一味地给顾客介绍高中档冰箱。而这个过程中，对方的敷衍、眼神的游离意味着对方已经对高价位的东西不感兴趣了。

直到对方不得不说出"精致"这个词的时候，小李才大致找到了方向。

整体来看，在这个销售过程中，不是小李在引导他人，而是顾客在想尽办法引导小李。最终顾客还是走了，因为小李没有抓住"价位"这一核心，正确的做法是"看透不说透"，知道对方可能购买能力没有那么强，就没必要带对方看高档价位的冰箱，应该说："家用的冰箱，不用买太大，给你介绍一个性价比非常好的冰箱。"在后期，对方问到优惠活动的时候，小李应该使用时间压迫的方法，帮助对方加速作决定，例如，可以说明在多长时间以内是可以优惠的，或者说如果今天买冰箱，小李正好有一套公司送的多功能厨房用具，可以附赠给顾客。

为什么小李在开始的时候没有领会顾客的意图呢？因为当局者迷，旁观者清，他接触到这位顾客，发现对方穿着时髦，可能感性上就以为对方有很强的购买能力。而如果采用一种串联对方行为的方法，通过分析对方的言行来判断对方真正的需求，才会客观地把握整件事情。

一句话回味

一个得意的表情露出来，无论对方是否吃亏，他看到你得意，都会觉得自己吃亏了。

中篇 通晓人性：把人脉用在刀刃上

求人办事：没钱没利不可没招式

只说好话，未必次次管用

我们求人办事的时候，一定会示好，向对方说一些好话。

仅仅说好话是不够的，要让别人感觉到你在求人帮助时，不仅是真诚的，也是自信的！

很多时候，我会看到一些年轻人有这样的情况：工作不顺心，想换一换工作，会找一些认识的人帮忙介绍工作，仅仅是靠打个电话，对别人说一声，“您帮我多留意一下有没有合适的工作，您多费心”，少有人会真的“费心”、“帮忙”留意这件事情。毕竟有的事情只是你自己的事情。

如何拜托别人办一件事情，至少要做到“礼到，话到”。

我们这里所谈到的“礼”，并不是指送礼这种行为，而是表示出你的礼貌。也就是说，不要靠几句客套话，就去拜托别人帮你去做一件改变你命运轨迹的大事，要学会表示出你的重视，以及你的恳切。

如果能面谈，就不要电话拜托，如果能一起吃饭聊这件事，就不要干巴巴地去说好话。

关于你的未来，如果一顿饭钱你都舍不得出，只能证明你也许不信任这个人能为你办成这件事。如果是这样，你打电话给他更属于浪费时间。

人们都知道时间宝贵，但有时候还是会浪费时间。

关于物质上的压力，我要提如下一种情况：人的起点不同，对于很多年轻人来说，压力非常大，压力不仅来自社会，还有可能来自家庭的压力。在这里，提醒很多年轻人要有长远的眼光。

有这样一个真实的案例可以给大家参考：小宾的老家在内蒙古，家里的条件不是特别好，父母辛辛苦苦种地，省吃俭用供他读大学，大学期间他知道家里不容易，所以一有机会就接一些家庭辅导之类的工作。毕业后，他留在了大城市，开始了艰苦的打拼。孝顺的他租住在地下室，尽量多赚钱给家里汇去。他常常感慨，自己赚一个月的钱，就相当于家里半年的收入，他省吃俭用地想帮助家人改善生活，把第一年的工资全部给了家里。

令他感觉难过的是，每年过年，小宾回家的时候，他发现家人还是过着同样的日子，父亲依然辛苦劳作，母亲依然节衣缩食。他觉得是因为自己赚得还不够多，于是，第二年他不仅做了份全职的工作，还兼职了一份工作，他给家里的钱明显多了起来。半年后，他再回家看，家里还是老样子。小宾多少次劝过家人，但是没有人因为他说了几句话就去提高生活水平。

我提醒小宾，他的本意是好的，但他辛辛苦苦地节约，希望父母改善生活，父母也未必不知道小宾的压力，父子情深，更不会随意花费他挣来的钱。于是，全家都在努力攒钱，没有一个人生活得好，也没有人知道这样节约的目的是什么。

我告诉小宾，与其攒钱，不如用钱。当他的生活条件越来越好的时候，父母才不会有后顾之忧，全家才能过上好的生活。

我还给他讲了我大学时一个同学的故事。我这个同学家庭条件一般，大学毕业后，工资收入不高，大部分的钱用于投资学习。家人曾经多次来电话表示，他的工资，家人可以“代为保管”。同学愣是狠狠心，没有给家里寄钱。后来，家人看到邻家翻修自家的房子，也想翻修房子，找同学要钱，同学还是没有汇款。于是，在那个村里，同学被传为“忘本的人”。他没有多解释，也没有多理会父母的不满，该交际交际，该学习学习。

没出两年，同学跳槽。三年后，他自己创业。连续五年的时间没有给家里打过钱的他，在北京有了自己的公司，有了自己的家和爱人。他把父母接到了北京。他们村的所有人把同学当作了榜样和骄傲，而当年指责他“忘本”的人，现在纷纷表示是自己目光短浅，没有同学看得远。

这两个案例都反映了一个现实的问题：一个人的收入和社会位置与你的不可替代性成正比，对于刚刚大学毕业的人来说，大家都是同样的起点，你想得到更好的生活，当然需要在毕业后为自己的不可替代性付出更多的时间、精力和金钱。

讲这两个极端一点的例子，是为了那些“很不容易”的年轻人而写，为了你们的不容易，为了你们能够理性、长远地看待自己的未来！

“这件事非老子出马不可”

在《杨澜访谈录》中，杨澜访谈著名主持人蔡康永时，有如下这样的一段对话：

杨澜：你最多的时候主持过多少节目？好像我的同事帮你算了，有的时候五个。

蔡康永：我最多的时候很吓人，可能有五个。

杨澜：那个时候是因为想多有点收入吗？

蔡康永：那时候大概觉得，有的节目来求你的时候，比方说读书节目，他们会说除了你就没有人能做。

杨澜：这句话很受用，对不对？

蔡康永：对，你就会立刻被奉承到。觉得，哎呀，那真的不是老子亲自出马，不行啊。这是第一个。第二个，你也会觉得，那已经在主持娱乐节目了，你趁机读点书不好吗，你就靠做节目逼自己看点书吧。虽然纪录片是我的痛处，可是我曾经有一段时间做一个专门介绍好看的纪录片的节目。那时候，我就抱着说，我起码可以逼我自己每个礼拜看两三部好看的纪录片的心理去做，要不然我根本没机会。

从这段话中，我们能得到很多信息，在这里我们要提到的一点是：这个聪明睿智的主持人蔡康永，什么样的“糖衣炮弹”

没见过，但是这种有可能唤起他的“个人英雄主义情结”的求助，也就是对方给了他一种感觉，一种“这件事非老子出马不可”的感觉，还是会打动他。当然另一方面也很关键的是，接这个节目对他来说，也是有利于个人发展的一件好事情。

所以，不同的人，打动他的地方不同。例如，有的人非常自我，你找他帮忙，要等到他是一个好的状态时，与他说话的时候，你可以找个位置稍微比他低的地方，一定要让他的视线是往下走的。这种情况下，物理的变化会带来心理的改变。

当你请求别人帮忙的时候，如果没有客观上的某些障碍，想让对方实在帮到你，你就该考虑，说什么、做什么能够在请求一个人帮助的时候，触碰到对方心底的某一根微妙的弦。

合理使用“大家都”的句式

如何在你要求别人的帮助时，还要让对方感觉到，帮到你会让他变得更好。

例如，当你想推广一个活动的时候，需要一些名人的“吆喝”和帮助，那么最主要的名人，你就要采取上文提到的那一招，要让对方感觉到这个活动最需要他这样“形象健康，关注环保”等条件的明星来推荐。

后来，你发现这个活动支持的人越多越好，仅仅一个人的帮助还是不够的，你还想找另外的人帮助。这时候，你要记住，学会盘活你的资源。此时，你不能给对方最重要的位置，你再说，“最需要您的帮助”，就显得非常虚伪。

一味地说你的活动有多好也是无意义的，因为对方不关心你的活动有多好。他关心的一定是“这和我有什么关系”。

想开发这类人脉的关键在于，你可以创造出一种潮流，把你的这个活动变成一种很多人都在关注的潮流。

这样一来，你再去找其他人参与的时候，就可以介绍这次活动是一种潮流，由谁主导、哪些名人参加、大家都会如何推广这次活动……

试想，当你说“很多名人都参与了这个潮流”的时候，阻力会不会变小？

一句话回味

对方不关心你的活动有多好，他关心的是，这个活动和他有什么关系。

锦上添花不弱于雪中送炭

以人喜为己喜

我们以前常说“雪中送炭比锦上添花宝贵得多”。

雪中送炭的确很重要。只是生活中，需要我们雪中送炭的事情往往没有那么多，而我们身边一定会有人时常需要我们的祝福。

为什么有的人只能共患难，不能共富贵？因为人的妒忌心燃烧起来，往往比人的同情心要猛烈得多。

当一个人处于弱势的时候，人们容易萌生同情心，可是当两个相互竞争的人势均力敌的时候，谁都不想落于人后。

就像某些职场经理人，常常处在一个尴尬的位置上：当企业需要他们的时候，企业创始人可以对他们“三顾茅庐”、“礼贤下士”；可是当他们真的大干一场，有了业绩后，如果不知收敛自己的锋芒，危险就来了，会招致很多元老们的妒忌，然后可能“生事”。

在一个人脆弱的时候，你给予温暖，他能记住。

当一个人出色的时候，你给予赞同，至少证明你不妒忌。

一个不妒忌的人会有好人缘，而好人缘，慢慢会引来好的人脉。

小丁就是这样一个例子。她进入了国内一家很有名的科技公司，她学历不高，只做过两年的职业培训，后来一个偶然的机会进入公司。

公司有很多活动，比如当某个人有什么好事的时候，要请客，其他人一般都会以各种理由推脱不参加聚会，但是小丁不会，她真的做到“以人喜为己喜”，她不妒忌别人。

同事有喜事要聚会吃饭了，她高高兴兴去联络大家。部门组织活动，她积极制订路线，甚至连安排订车这样的麻烦事儿，她也配合相关的同事一起做，路上还不忘给大家准备一些必要的防护物品。

就这样，调薪的时间到了。小丁升职加薪，没有人感觉不满意，相反，大家觉得凭以往她对大家的好，升职之后会对大家更好。

借此提醒大家，社会总在发生变化，有一些观念要随着时代的发展及时转变。如今的人际关系中，不但雪中送炭的事你可以尽力做，锦上添花的事也不要忘记。

对人示好要有分寸

当我们要向别人表达善意的时候，尤其在自己还不太了解对方的时候，不要因为太急切地想要示好，就乱了分寸。

我有一个朋友，拥有一家赢利不错的公司，经人介绍，他认识了一位女艺人。最初发展恋人关系的时候，他没有避讳这件事情，但是也没有对外说这件事，可陆陆续续还是有人知道了。

他不大在乎别人的议论，最初，在他很看好这段感情的时候，他觉得惊喜，因为她是一个爱读书，而且很有上进心的人。后来，朋友慢慢地不提她的名字了，因为他和女艺人之间出了一些问题。在他看来，一个好人不等于一个好太太，这个女孩不是没有事业心，而是事业心太强。开始的时候，两个人在一起聊天，朋友很喜欢她滔滔不绝地讲话。后来，慢慢地，越听越心烦，朋友觉得她太自我，一起聊天的时候一直都在说自己，从来不问对方怎么看这件事情，他就不再打电话约见面了。

一次，他去商场给一个熟人选礼物的时候，经过一个名牌女装店。店长认识他，于是走过来，要向他介绍女装的款式。朋友说要赶时间，还有别的事。这位店长还是很热情地说："没关系，您下次过来的时候可以带上她本人来试穿，她身材很好……"又是滔滔不绝地讲了一番话，还提到了那位女艺人的名字，直到朋友不动声色地走开，对方还是一脸笑容地站在那里。

对于很多男性来说，他们能够欣赏女性的活泼和热情，却不太能接受过度的热情。

在人与人的交往中，有的事情是很微妙的，当一个人的某个私人事件被大家知道的时候，也许别人认为这是一件好事，于是锦上添花地来示好。不过，这个分寸并不好把握，当对方真的一切顺利的时候，这是锦上添花。但是你并不知道当事人如何看待这件事情，于是直白地提出来，反而会让人感觉是非多、很聒噪。

每个人在社会中的位置不同，压力不同，就是同一个人，不同的时期他的心情也不一样。大部分情况下，与别人沟通的时候要依据其年龄、性别、职业、职位、所处环境来说话，在和不同的人相处时，有不同的要求和技巧。

如果你没有全面掌握对方的信息，正确的做法是：试探性地问一问相关的事情，如果对方不避讳，他自己主动谈一件事情，你才可以接话，否则不要想当然地说话，以免“拍到了马蹄子上”。

为对方量身定做话题

常常有一些人，他们心存善意，却总是藏于心、不表达。

其实有时候，表达一份善意没有那么难，也并不需要多大的勇气，应该把这种表达看成是一件很自然的事情。

例如，你的同事做了一个项目，为公司创造了巨大的效益。除了领导以外，如果其他同事纷纷私下里表达了对他的赞赏，而只有你不表达出你的善意，对方就会对你有不同的看法。

当然这也不是教大家去讨好别人，而是，你要知道，你的想法不表达出来，别人真的不知道，因为人们只关心自己，谁也不会猜你的心思。

我常常举这样一个例子：大家坐在办公室里，某个客户走了进来，可以看出客户的心情是非常好的，你只是坐在工位上，用眼神和客户对接了一下，表达了善意。而你的一个同事与客户交情虽然一般，但是他站起来，微笑着和客户打了个招呼。

你说自己心里比你的同事更在乎这个客户，客户却并不知道，根据你的反应也不会这么认为。

试想，如果你是客户，看到两个人对你不同的反应，你会觉得谁对你更在乎一些?

与其他人的交往也同样如此，当你想对一个人表示善意或者想让对方回应你的时候，无论是沟通还是写邮件，在介绍自己的过程中，不要忘记给对方量身定做一些话题。

这当然需要做些功课，而不是仅仅恭喜对方最近获得了某个大家都知道的殊荣。

在你表达的过程中，你可以加一些这样的话，例如："您曾经说过……"、"在您处于低谷期的时候，您当时……"等。

提这些的作用就是要让对方知道你不仅仅是为了表达善意，更重要的是，你真的是在关注他。

此外，你的表达中还要凸显自己的价值，别计较对方能为你做什么，而是要说，你觉得自己可以为对方做一些什么。

一句话回味

成不了第一个帮助别人的人，就要努力成为第一个为他人鼓掌的人。

人们只帮助“帮得起”的人

自助者，人助之

有个女孩在风华正茂的青春岁月，遭遇了白血病。癌症化疗让她头发掉光了，她的生命之火即将熄灭。

她发微博，记录了自己的身体状态及病情变化。有一张照片是接受化疗后照的，她的头发已掉落了，但是她发了一条微博，内容是：头发终于长出了三厘米。

她的这种乐观面对生活的态度，让很多人深受感染，网友纷纷发去祝福。也有很多名人听到这件事情后，都很关注并愿意提供帮助。

从这个事件中，我们能够观察到的是，人们愿意帮助那些不放弃自己、乐观看待生活的人。从现实的角度来看，也许有许许多多的人需要我们的关注和帮助，但是为什么人们偏偏选择去帮助这个女孩？

这个女孩是靠什么打动了无数的网友？也许就是她在病魔面前绽放出青春和生命的美丽与风华，让人不忍她离开！

我们周围有很多需要帮助的手，但每一双手之后，都是一张愁云满面的脸，我们能理解，却很难感同身受。一个人身患重病、自我放弃、怨天尤人，人们本能地回避和排斥这样的消息。

只有这个女孩，没有求别人为她做什么，她却打动了人们。生活就是如此，自助者，人助之。

你在生活中遇到困难的时候，想得到别人的帮助，先要自己打起精神，你有力量自己往上走，你周围的人才有信心拉你一把！

落魄贵族东山再起

大家对“刘晓庆”这个名字都不会陌生。

无论是50多岁的人，还是20多岁的人，很多人都了解她的故事。

这个以豪爽出名的女演员似乎一直没有退出过舞台。

曾经有杂志采访她，她对自己的坎坷并没有刻意避讳，她对自己曾经在监狱的时光也没有忌讳，她尽量坦然地面对。她说：“这是事实，躲着有什么用啊。我进监狱之后，大家都认为我歇菜了……他们觉得我出去后再也不能挣钱了。”

很显然，她在说这番话的时候一定很清楚，自己是不会就这样消沉下去的。

所以，现在看她的形象，根本看不到老态，完全是一副光彩照人的样子。

暂且不论刘晓庆现在的财务状况如何，大家这样来想，什么样的形象和状态，能够让人们关注她？

平凡的人们都有对传奇的渴望，经历了人生大风大浪的刘晓庆一直让人们捉摸不透，她的一言一行都会引来人们的一番议论。人们总是希望她这个传奇能够继续下去，因此无论是喜欢她的人，还是讨厌她的人都在看她下一步会有什么样的动作。至少在我身边，就有人相信以刘晓庆这样的个性和状态，还是有希望创造出下一个传奇的。

在这个过程中，我们会发现，刘晓庆给人的感觉是，即使落魄，也不是穷途末路、无计可施，而是贵族落魄，还有可能东山再起。

就是这样的状态让人觉得她不会轻易被打倒，人们才会继续关注她。

如果她顺从了命运的安排，面对镜头的是一副憔悴的样子，那以后可就真的要憔悴下去了。

不管别人是否说她过气了，她就从来没有认可这样的说法。她积极接片子、背台词，精心设计自己的形象，让自己一直出现在人们的视野中，从未有过退去的意思。

在我们的生活中更应该如此，得意的时候保持不张扬容易，但是遇到了挫折的时候保持镇定自若，对于每个人来说，都是一种挑战。

所以就需要我们在遇到挫折的时候提醒自己，如果遇到挫折就低头，只能更加孤立无援。如果抬起头，面对它，挫折如同纸老虎，你一面对，它就弱了一半。

想象一下，没有什么事情，在一个人的人生中，是过不去的坎。只要你坚持抬头行走，就可能有人帮你，和你一起走下去。

让别人相信你是金子

人们对马云不会感到陌生，现在大家对于“淘宝”、“阿里巴巴”都不会感到陌生。

可是当初，马云创办阿里巴巴网站、开拓电子商务应用的时候，困难重重。

后来，阿里巴巴是全球最大的B2B网站之一。阿里巴巴网站的成功，使马云被很多的人崇拜，他也被很多人采访过。无论听马云在哪里的谈话，都有一个特点：你会被他的情绪感染，而你并不会觉得他是一个张狂的人。即使他说一些听起来很“空”的话，你也会觉得“空话”后面，有一颗火热的心。不得不说，马云的讲话就是有这样的魅力！

他总是很低调，总是如履薄冰地走在时代的前沿。

关于他，有这样一段视频资料：

1996年中央台拍摄的纪录片中，马云在北京推销自己的网络产品，也就是中国黄页。当时人们并不大了解网络，所以刚开始创业的时候，他就像一个我们日常遇到的那些普普通通的业务员一样，他也遭到了很多拒绝。

关于这段经历，樊馨蔓女士也有过这样一段讲述：我还记得，那一天大家都很累，好像是坐在一辆公交车里，他（马云）那样看着北京街道的灯光，灯光在他的脸上晃过。他说："再过几年，北京就不会这样对我。再过几年，他们都得知道我是干什么的，我在北京也不会这么落魄。"

看视频的时候，我被打动了，不仅是因为他现在的成功，还因为他当初的那种面对挫折的态度。要知道，他的这个态度不但感染了自己，也会感染周围的人，包括他总在他人迷茫的时候，给大家注入一管强心剂，他说："没有什么是最好的，我们来创造什么是最好的！"

我们试想一下，当初他面对别人的拒绝，如果是一种愤怒、哀怨的态度，会让别人感觉他太过消极，这种态度或多或少会影响周围人对他的信任。只有他自信，他相信自己是金子，他相信自己某一天一定会发光，并且在尴尬的时刻，用有力量的话为自己打气，别人才会相信他也许在某一天会大放异彩。

很多人不相信自己是金子，所以才对自己的外表、谈吐、情绪没有丝毫的控制。这种瞧不起自己的态度，才是对自己最大的伤害，当然也是对周围那些原本看好你的人最大的伤害。

一句话回味

是金子总会发光的，但是金子也要在平时展示自己的材质，而不是错误地用一层旧报纸来包裹自己。

相信黑暗，光就永远照不到你

不仇富，相信你也会富有

很久以前，我看过一个小故事，非常耐人寻味，大意是说：

有两个人同时看见一辆名车停在了五星级酒店门口。其中的一个人看了以后，撇撇嘴说："开这种车的人，肚子里肯定没有什么墨水。"

另一个人想了想，看着他说："开车的人，是否胸无点墨我不知道，但是我发现凡是说这种话的人，口袋里通常都没有什么钱。"

再给大家看一段材料，这段文字出自奥美创始人大卫•奥格威，他在《一个广告人的自白》中，曾经写到自己早年做厨师的一段经历：

我们厨师的工资低得可怜，但皮塔先生却从供货人那里得到了很多佣金，供他在豪华别墅过日子。他从不向我们隐瞒他有钱，他坐出租汽车上班，手拿一根包金头的手杖，下班后衣着考究，简直就像一位国际银行巨头。这种炫耀特权的做法，激励我们要步他后尘的雄心。

《一个广告人的自白》是广告业的人会关注的书，而我们从这段材料中，还能看到什么呢？

一个有事业心的年轻人（大卫•奥格威），他看着他的老板过着与自己完全不同的生活，他没有敌意，他觉得自己一定要“步他后尘”。

如果他对他的老板稍有敌意，他就不会有下面的这段文字：

皮塔先生的领导艺术诸因素中给我印象最深的地方也许要数他的勤劳。一个星期63个小时俯身于火红的烤炉前搞得我疲惫不堪，工休的那天，我必须躺在草坪上久久地望着天空休息。可是，皮塔先生一个星期要工作77个小时，两个星期才休息一天。

因为大卫•奥格威“不仇富”，所以他观察到他的老板在人前尊贵的一面，是靠在人后不停地努力才拼来的。

总有人一提到“有钱人”的时候，就可以滔滔不绝地总结“有钱人没一个好东西，马无夜草不肥”。或者提到对社会的认识的时候，也有人会对社会上一些阴暗的东西如数家珍。

当一个人只关注这些的时候，他几乎等于蒙上了自己的眼睛，有了一颗只会抱怨和愤怒的心。

那些黑暗的，他全信了。

那些积极的，他视而不见。

有句话叫“地里不长庄稼就长草”，出自一个故事。故事讲的是，一位老父亲问孩子，这一片荒芜的地方如何除草。孩子想了很多除草的方法，无疑这些方法都是很有效的，但是不能解决的问题是：第一年，所有的草除干净了，第二年，“春风吹又生”，草又长了出来。

除草的问题就交给了父亲，父亲解决的方法就是在地里种上庄稼。土地上年复一年种上了庄稼，再也没有荒芜过。

这位父亲要告诉孩子的是，心田也是如此，如果不吸收正面的东西，负面的就会时不时跑出来，只有多接触有益的内容，才能让自己的心总在一个健康的正循环里。

我曾遇到一个年轻人，他对所有匪夷所思的富人如何不正当赚钱的资料都很感兴趣。当提到富人是如何消费和生活的时候，他的戾气和怒气就一起跑了出来。

于是，我引导他，“这个社会的确有一些不好的事情，所有的有钱人中，你最佩服谁？”

他很久没有吭声，原来，他从来没有关注过健康的创业故事。

就连太阳上都有黑子，一个人的眼神如果总盯着黑子，就会忘记世上还有太阳。

了解到那么多阴暗的故事又怎么样呢？你是否有巨大的能量把社会往前推动一步呢？如果不能推动一步，想想看，我们能为不完美的世界做什么呢？如果把自己变得更好，就是对社会作了一份贡献。

在社会交往中，很多人在接触一个人的过程中，都会留意对方是不是一个情绪稳定、了解自己的人。与其让负面的消息影响你积极的形象，不如转移自己的目光，把一些更积极的故事带入你的生活。当你心里有了这种积极的态度，你会发现，你的人脉也可以扩展得更广。

不要太自怜

当我们听到一个成熟的、成功的人分享自己的成长故事时，常常会发现，他们讲起曾经的苦日子时，会讲一些让我们记忆深刻的生活故事，但是他们很少用一些感性的词汇定义那一段时光。

往往是我们普通人，在讲一件不容易的事情的时候，总是会说“那时候，真的是不容易”，甚至还会特别自怜地说，“想当初，我容易吗”，来调动对方在情绪上的配合。

这里我们应该向那些对自己情绪控制得很好的人学习。当然，并不是说大家交流真实的生活内容不好，而是要提醒的一点是，我们讲什么，都是给别人传达一种信号，这个信号会让对方给我们重新作判断。

我们讲述一段客观的、真实的感受时，别人也许已经能够懂得其中的辛酸，从而从中汲取正面的力量。如果我们总说自己当年不容易，如何如何，就会降低自己的格调，还传达一种脆弱的信号。

两年前，我有个表妹来北京工作。人生地不熟的她来了之后，没有人有能力为她包办一切，她只能自己摸索。

有一次，我约她吃饭，她问我：“哥，你刚来北京的时候，觉得苦吗？”

我想了想，给她讲了一个例子："当年我为了工作，下班总赶一趟末班车回家。有一次，车上只有我一个人，放着一首歌，这是一首老歌，叫《三百六十五里路》。歌里有这么几句歌词'三百六十五里路呀，岂能让它虚度。我那万丈的雄心，从来没有消失过'，我当时不知道为什么就落泪了。我不觉得这算不算'苦'，只是觉得歌里有我的经历。"

我没想到，这段话对她的影响很大，也许因为这段话，没有那么悲情，却是很客观地在讲一段经历。从那以后，我很少接到她的"求救电话"，她努力着，试着变得坚强。现在，她在北京也有了自己的家，有了不错的生活。

此后，我更加注意这一点，每个人都有自己的不容易，不要轻易说自己的苦，而是客观地看待生活，看待每个当下生活交出来的课题。我也提醒自己，与别人交流的时候，保持客观才是一种乐观。这种客观，会让你看起来，既真诚，又可敬！

别轻易问别人

要学会相信世界，还要学会相信自己。

先想这样几个问题：你和一群人出去玩，或者去逛街，谁会成为领路人？你是愿意跟着别人走，还是喜欢自己看一下路线，安排一下活动？

你朋友遇到了一件麻烦的事情，或者是不开心的事情，他找了一群人聊天散心。期间，你是一直说安慰对方的话，还是提出一些具体可行的意见？

大家在一起聊天，聊到某一个话题的时候，大家的观点都不一致。此时，大家最想听到谁对这件事情的看法？

这几个问题的本意是用来判断在你的身上是否有领导力，窥豹一斑，未必精准。

为什么提到这一点？这是用来解释人脉与人缘是不同的资源。从某种程度上来说，人脉好可以转化为社会资源的一种能量，而人缘好却未必能够转化为现实的资源。一个人认识一些人，不需要太多，但是能为己所用，这是人脉。一个人认识一群人，出现一些事情的时候，发现这件事还是只有自己操心，这也可能是人缘好的人常遭遇的问题。

我个人的看法是，一个有领导力的人往往会有好人脉，但未必有好人缘。

正如我上面提出的几个问题，如果你的回答都是别人需要你，那么你在人脉方面就有了一定的优势。因为他人对你有需要，所以你需要别人的时候，别人帮你的可能性就很大。

如何培养自己这方面的优势呢？

要学会相信自己，相信自己有光、有能量去处理好一件事情。

别总悲观地想：这件事，自己出头如果办不好怎么办？拿职场来说，一定的职位匹配一定的决策权。有的事情，你职位范围内能够作决策的，不要总等着请示别人，想好了就去做。因为说得直白点，当一个人的职位没有那么高的时候，他搞不砸多大的事情。而你作的决定即使错了，只要错得有一定道理，你也算是提高了自己的能力。

职场中，敢承担事情的人，永远比什么都不做、跟着别人走的人更让人期待，更被公司重视。

一句话回味

太阳上都有黑子，一个人的眼睛如果总盯着黑子，就会忘记世上还有太阳。

社交场合中没人稀罕群发的笑

对谁都笑，等于对谁都没笑

很多人都说，要想搞好人际交往，要学会微笑。

我曾在《人脉是设计出来的.实战篇》中介绍过，微笑会让他人感觉到善意，只是要注意微笑可以稍微来得晚一点，来得晚一点的微笑更动人。

这里要补充的是，笑容来得晚一点，会让别人感觉你更有尊严。如果笑容不那么群发，还会让对方更加感觉你的善意，毕竟人们都希望自己在别人的心中是独一无二的。

在办公室的人际关系中，如果向所有人示好，等于没有与任何人交好。

举个例子来说，如果你有一件事情，虽然无关痛痒，但是属于个人私事。如果你对A说了，A的心里会有触动，觉得你对他不设防，认为你是把他看得与别人不一样的。过了不久，你又把这件事情告诉了B，可能B的心里也会有这样的感觉。

可是，如果A与B都知道原来你并不是看待他们与其他人不一样，而是一个可以把自己的事情随意告诉所有人的人，那么，你在别人心目中的分量就轻了。

也就是说，你可以和某个人分享不伤大雅的私事，但一定要记住，不能把私事变成集体记忆。

人们都喜欢“心有准则”的人

有一类人貌似很会分析形势，懂得经营有价值的人脉，但却因缺失了内心的原则，弄巧成拙。

别小看这一条，这一条足以让所有人不信任他。

小葛在公司里是出了名的能说会道、讨人喜欢。他所在的部门有一次内部升职的机会，小葛一看就明白自己资历太浅，不太有机会。

大家也都看出来了，老刘和老李有机会。俩人业绩都不错，关系一直不好，赶上升职这个关头，关系就更不好了。小葛利用很多私下的关系，也猜到这次升职的一定会是老刘，老刘是某高层领导的亲信。于是，他经常私下表示支持老刘的某些对问题的看法和观点。

老刘和老李时常会请同事晚上一起唱歌或者吃饭，两个人的聚会小刘都会参加。但是有一次，老刘请他吃饭，提到了某个问题，小葛借了酒劲，赶紧表示支持老刘，还说了几句不满老李的话。

后来，老刘果然升职了。令小葛没想到的是，老刘升职以后，并没有对他有什么特殊照顾。原来，老刘介意的是，为什么小葛支持自己的观点，而且也看不上老李，但是他却从不在公开场合表态，或者在开会的时候表明自己的立场？在老刘看来，精明如小葛，这样不敢公开表示支持自己的原因只有一个，就是没看好自己。

小葛原以为老刘会对自己另眼相待，没想到老刘对他一如往常。

更巧的是，不久后，老李居然也升职了。公司设立了一个新的部门，由具备业务经验的老李负责一些市场调研的工作。有意思的是，老李调研的数据对老刘的部门帮助很大，而老刘的意见对老李工作的开展也很重要。

于是，小葛眼睁睁地看着老刘与老李这两个原本互相看不上眼的人关系慢慢开始融洽，俨然成了朋友。小葛想到了曾经在老刘面前不满老李的话，不禁不寒而栗。

半年后，小葛被调到了老李的部门，苦不堪言……

这个案例对于很多人来说，都不会感到陌生。人际关系的发展虽然谈不上瞬息万变，但是没有什么是固定不变的。

人与人之间的关系也是如此，你想押的宝往往不中，而你曾经忽视过的人，也有可能一夜之间成为可以掣肘你发展的人。

这只能提醒我们，不要轻易对未来的形势作判断，要用变化的眼光看待所有事情。内心要有对事情判断的基本原则，并且无论什么情况下，不要违背自己的原则。唯有如此，才能让你的品质不受损害。

饭局不欢迎喧宾夺主的人

饭局和酒局是不错的社交场合，可以趁机多结交一些不错的人。一般来说，心思比较活泛的年轻人可能会因为“自我感觉太良好”，出现以下三种不好的情况，容易喧宾夺主。

第一种情况是，只对一个人说的事，却占用了别人的时间。

有人总是要显示出自己与主人的关系。在主人与大家逐个聊天的时候，他把主人拉在一边，窃窃私语，感觉自己和主人之间的关系特别不一般。岂不知这样给主人增加了不少压力，让主人有怠慢其他宾客之嫌。这样的方式不可取。

第二种情况是，吃饭的时候显示出自己的能言会道，经常制造话题，而忽视了宴请的一方所表达的某个主题。

对于一些口头表达能力较强的人来说，他们会误以为饭局是展示自己“见过世面”、“不怯场”、“会说话”的场合，这样就有可能表现过度，引起主人的不快。例如，拿着不用自己埋单的酒，到处给其他人敬酒，这是对组织饭局的人很大的不敬。

这样并不会引起别人的佩服，反而会让人觉得他轻浮。

第三种情况是，走的时候不注意风度。

在一个饭局中，主人宴请了很多人，某个人由于私人原因要走的时候，应该越小范围造成影响越好。不要以为自己特别重要，或者担心别人说自己失礼，走的时候到处告诉别人“我要走了”。当宾客酒足饭饱想要离开的时候，如果主人还有一些话没说完，他其实最怕的就是这种嚷嚷着要走的人，这样的人走不要紧，一定会带动一批人离场。

饭局这样的场合，往往是一些真正的高手过招的场合。但这并不是扩展人脉最重要的场合，不得不说，由于受很多原因的影响，有的人也许天生不能喝酒，有的人也许公开场合一说话就脸红，有的人也许……他们不适合在这样的场合“出头”。

这样的情况也完全不用紧张，保持你的礼貌，保持你友善的态度，多参加，多总结，多倾听。当你并不是“高手”的时候，要学会替组织饭局的人应景，这样你的踏实和真诚，一定会让你有惊喜。

一句话回味

圆融处事不等于圆滑世故，如果你习惯简单直接的交往方式，就不必刻意学别人的圆滑。家庭氛围影响一个人的交往方式，而有时，你的起点就是你的终点。

与朋友“生活在一起”

把对方的变化记在心上

有一些人曾经在我们生活中很重要，我们在他们的心中也是比较重要的，但是随着时间的推移，关系疏远了，交情不深了……

有时候事情并不像我们想的那样，我的一个朋友和他的一个发小因为一件小事再也不联系了。

前段时间，他接了一个大的工作任务，经常半夜出差，出去采访一些重要的对象。他去的时候，往往已经很晚了，再加上等待与采访，彻夜不眠，一程程的安排非常紧张。

回来后，有一次，我约他吃饭，发现一向很讲究形象的他居然没刮胡子，眼睛里充满了疲惫，憔悴了很多。

吃饭的时候，他的电话响了。他一拿起电话，就开始皱眉头，后来接电话的过程中，还是皱紧了眉头。

我以为是工作安排，有保密性质，于是没有问。

过了一会儿，他挂上电话后，不耐烦地把电话摔在了软座沙发上，对我说：“是我的发小，天天为点小破事找我。自从半年前他靠着家里的关系，换了一个自己很难胜任的工作后，每三天给我出个作业题。今天说写了一个简报发在我邮箱，让我帮忙改改语句。”

朋友是一个业务精练、有知名度的记者，工作范围内，只要与他打过交道的人都会感受到他的专业精神。我与他私交很好，我在私下也对他保留了一份尊重。对于他的工作来说，他更是辛苦到应该多节约时间休息。看到朋友这样，我有点儿纳闷，他的发小居然让这样的一个人帮忙改病句？

朋友一向不随便说一些带有负面情绪的话，但这一次，他说了这么多，看来心情也到了临界点，这个电话就是压倒骆驼的最后一根稻草。

也许当年，他们曾是一个宿舍里并肩的兄弟，也许更小的时候，他还和他的发小在一起写作业，他的学习成绩有时还不如发小。

时光是不能逆转的。此一时，彼一时，无论当年的情义多么深厚，如今的相处都应该有一种分寸感。失掉了这种分寸感，就别谈什么交情。

尤其对于以前和我们关系不错的人来说，你打电话请他帮忙，应该先了解一下对方的近况。别总觉得自己的事就是天下最大的事，在这个世界上，有因有果，谁也不欠着谁。

还要看看对方帮不帮得了这个忙，如果感觉对方帮不了，还硬提出来，让别人为难就是你的不对了。

最后要看你想让对方帮的忙，是否匹配这个人现在的情况，把一个优秀的记者当自己的助理使用，这是凭什么呢？

那天吃饭的时候，我知道朋友把这个发小的手机号从自己的手机里删除了，也从自己的心里删除了。

人际交往中，每段关系都是一个动态的过程，不是一成不变的。你与他人关系的远近，由交往的频率、利益关联的深度、双方的默契度等很多因素共同决定。

让彼此出现在对方的视线里

两个不能时常见面的人，想保持好一段交情，尊重是非常必要的。

还要注意，让彼此出现在对方的视线里。

我曾听到很多人说，“感情好，不需要总联系，有需要的时候，对方自然会来帮忙”，这是人们对交际很美好的期待。可是正常情况是：人们不会为过期的产品埋单，人们也不会为过期的感情埋单。

总也不联系，感情就真的过期了。因为一个半年不联系你的人，说他心里有你，你肯定不会心悦诚服地相信。有的人常常说，“我心里记得这个朋友，就是不愿意搞一些形式”，不搞形式是因为觉得不重要。

如果这个人对你来说很重要，你对他也有价值，不忙的时候发个短信问候一声也不会累死人。

那么应该联系谁，时常把自己的近况告诉哪些朋友呢？

现在请你设想以下四个情景。

第一个情景：夜晚，你在咖啡馆喝咖啡，外面突然下起了倾盆大雨，你忘记带伞了，出不了门。此时，你看了一眼挂钟，夜里十一点，咖啡馆快要结束营业了。给谁打电话，能让他来送你一把伞呢？

请你列出五个人的名单。这五个人，未必有高贵的头衔，未必有多大的社会能量，但是他一定是你宝贵的人脉资源，是你人脉关系中坚固的支撑。

第二个情景：你的一个朋友由于公司的安排必须出国待三周的时间。他很希望有人能够帮他照顾房子，或者是他的家人。无论是否需要住到他家，他都要找一个信任的人帮他看家。他希望回国的时候，家中的一切都是好好的。你的哪位朋友会放心地把房子交给你照看呢？

列出五个人的名单。这五个人，一定是信任你的人，他们未必需要多么强大，但对你的这份信任却同样宝贵。

第三个情景：你想想小时候非常渴望的生活，例如，你希望自己拥有细长的手指，能够弹钢琴，虽然你现在的手指可能天天用来编程序、做软件开发。也许你希望有高高的个子，投篮每投必中，虽然你现在有可能一周都懒得去一次健身房。

谁会耐心地听你说这些不靠谱的梦，不会打断你，还会鼓励你不要忘记这些梦，提醒你：即使成不了钢琴家，但是每周可以听一听钢琴演奏；即使成不了篮球明星，至少应该每个月都可以打打球。

列出五个人的名单，这样的人是你未来路上积极的陪伴者。他们会在某一时刻给你想不到的鼓励！

最后一个情景：你去野外探险的时候，遇到一个人，他的脚受伤了。你看到后，不忍心离开，背着他走了很远的路。后来，你知道自己帮了一个特别重要的人，他愿意没有任何附加条件地帮你获得财富或者实现梦想。

打开你的手机通信录，你觉得你最希望帮到的这个人是谁？

列出五个人的名单，这五个人是有一定能力和能量的人，也许你们的关系还没有特别铁，可是关系是可以创造的，人脉是可以设计的，未来是有很多可能性的。

以上给大家设计的场景中让你联想到的人，请你不要吝惜自己的时间，多花一点时间给他们，有事没事联系他们一下，出现在他们的视线里，这绝对是一件投资回报比超高的事情。

注意交际关系中的“地理距离”

人脉关系的本质是交换，你用一些你有的，换一些对方拥有的。用来交换的，可以是物质，也可以是精神。

这种交换要有一种正常的输入和输出，不然就会进入一种失衡的状态。

从这个角度来说，我们要多注意交际关系中的“地理距离”，因为合适的“地理距离”会增加接触的频率，这种频率会有助于把关系带入良性的互动。用我们中国的一句老话来说，就叫作“远亲不如近邻”。

生活中，常常是离我们近的人会被我们忽视，因为离得近，他的智慧未必会被你站在一个客观的位置上去观察。其实，当把他们放进心中的时候，如果你悉心观察，会发现周围的人都很有才，每个人都有值得你交往的地方。例如，有的人，你总觉得他是“绣花枕头”，只是长了一张“花言巧语”的嘴，但是认真想一想，你们遇到同样的事，他可能会比你更会表达。再或者有人看似没什么特长，但是大家有事总去请教他，这样的人有决策能力，他会从多个方面入手发现事情的利弊，有纲举目张的能力，并在权衡之后迅速作出决断。

再给大家讲个例子，我认识一位特别有成就的老先生，风采令人倾倒，虽然年龄有差别，但是与他沟通和交谈，不会有任何障碍。

他最大的特点就是人脉广，更为宝贵的是，他不但认识一批社会名流，还能够发现周围普通人的优点。他曾经说起，很多年前，他看到一个实习生使用QQ，他就让实习生教他如何使用，后来，他看到有人用MSN，他也赶紧再学习一下。不但工作如此，在生活中也是如此。在他家附近约见喝咖啡，他总能受到善意的接待。

就这样，他给人的感觉是能够和别人“生活在一起”，与某个圈子的人聊限量版的鞋子、聊红酒，也能够与某个普通人聊如何节约、如何理财。

而这不需要耗费他太多的精力，只是植入“与别人生活在一起”这个意识，生活中留一点儿心而已。

一句话回味

一纸一笔可以涂鸦，一纸一笔也可以写下一个伟大的规划书，要看你想用它干吗。人脉也是如此，别人帮你做什么，先看你想让他做多大的事！

不靠认识谁，看我能供应什么

见到比尔·盖茨，你也要有话题

如果我们有机会结识一些非常厉害的人物，我们要学会制造话题，不然好机会就会白白从我们手上溜走。

如果你会制造话题，他就会关注你。我们现在就来作个假设，你遇到了他，你觉得自己说什么，会让他关注到你呢？

你吹嘘自己有多少资产，恐怕他头都不会转一下，你说自己认识多少名人，他也会无动于衷。试想，什么是他关心的呢？

记住，人们最关心、最看重的永远是自己。别人在你面前说起曾经讲过的故事，你听第二遍就烦了，但你讲自己的故事，讲一百遍都不烦。

见到比尔·盖茨，你应该主动聊微软的产品，向他描述一个用户最亲身的体验。

如果你是白领，你在他眼中代表了部分白领对微软的认识。如果你是大学生，你代表了部分大学生的认识。

任何人都有自己感兴趣的话题，只是需要你用心发现。

很多能力强悍、做“快消品”销售的人，那真的是，随便去个公共场合，他都能结交个陌生人，因势利导推销自己的产品。

讲一个很耐人寻味的案例：

一家刚开张不久的饭店，老板是出了名的热情好客，经常主动陪来吃饭的客人聊天。

有一位客人显然吃得很满意，总是赞叹菜品的独创性。这时，显然他也不忙，没有要走的意思。于是，老板过来与他聊天，客人说：“您对菜品的精心，让我觉得我的工作做得还不够到位。”

老板高兴之余，对他也有了些兴趣。于是问他：“您是做什么工作的？”

客人说：“我做汽车行业，在工作中只重视车的性能要够好，还有价格的合理性，忽视了很多沟通上的问题。例如，介绍车的时候，太中规中矩了。”

老板听完后，对他的话题更感兴趣了，就和他聊了车的话题，聊了一刻钟。走的时候，这位客人留下了自己的名片，老板也非常高兴地说起过些天正巧要带一个朋友去看车。

其实，中国社会最大的特点是人情味浓厚，人们都希望找认识的人谈事情。

你用自己的方法认识一个人，就成功地踏出了第一步。

让自己放松下来，别人才会靠过来

你放松，对方就感觉放松，就会愿意和你待在一起。

有的人总是自己放不开，无形中就损伤了其他人，因为一个人自己放不开，给他人提供的也将是紧张与不安。

小丁是个心地不错的人，认识她的人，都说她心地好，可是却都不愿意与她走近。

每当她有一段感情，自己总是处理不好的时候，她都会不设防地询问周围人的意见。例如，她会因为对方买了一个她不太喜欢的东西而生气，只要周围人一说："你不太投入这段感情，所以不用介意这件事。"

她听后马上说："我怎么不投入了？我不喜欢他，能请假陪他去医院，能大周末陪他去看电影？……"

大家发现说错话了，就会话锋一转说："那也许是他没有那么喜欢你，所以不知道你喜欢什么……"

她也会立即反驳："他怎么不喜欢我了？他追求了我整整一年，只要我一声令下，他可以从很远的地方赶过来陪我……"

小丁在工作中也是如此。比如，领导偶尔批评她几句，周围人准备安慰她几句，例如有人说："谁都有犯错的时候，你其实已经很努力了。"

她可能马上就跟一句："努力有什么用，我赚的没你多，没你有钱……"

大家聊到农村的生活，没有任何贬义色彩地讲农村生活的时候，她也会冷不丁来上一句：“农村怎么了，我就是农村的。”

每当她遇到问题的时候，听到她说这样的话，所有人的好心情就立即被吹到了爪哇岛，觉得她人际关系差是自找的。

这个案例提醒我们，你为周围的氛围提供什么样的空气，就在为自己创造什么样的运气！

你的积极带动一切积极

与他人相处的过程中，时常会出现摩擦和碰撞。

很多脆弱的人，往往是“一朝被蛇咬，十年怕井绳”。甚至阻断了自己与他人的合作与交流。

这是不可取的，但如果一个人与他人交际的过程中已经有了不愉快的经历，要怎样克制自己在以后与人相处的过程中，不被以往的“阴影”影响呢？

之所以放不开、不能好好地接受别人，是因为负面的情绪在影响着你。如果你能用积极的情绪看待别人，你的这种积极的情绪就会把别人也带到积极的状态里。

例如，以前一个朋友答应给你快递一份你需要的材料，但是后来他没有，因为他完全忘记了这件事情。为此你很不愉快，虽然维持了表面的礼貌与原谅，但实际上，你在心里放下了这位朋友。

现在，你又需要你的同事帮你带一份资料来公司。他没有带，你可能就回想起以往的事情，认为同事不够重视你，分明就是故意的。

事实也许并非你认为的那样。有时候，我们会吝惜把善意的想象留给别人，从而让自己作茧自缚，把别人的某个行为想象成自私自利或是故意的。当并不确定事件具体发生的原因的时候，我们千万不可以旧有的经验取代理性的思考。

20世纪五六十年代，一些学者曾对这个问题进行过大量研究，例如：描述一段违反社会公德的行为（如一位妇女偷拿同事的钱、一位父亲大声呵斥孩子、一个邻居结账时在你前面插队等），然后让受试人回答这样一个问题："他们为什么会这样做？"很少有人会想，也许那些人有苦衷，而是认为他们就是恶意要这么做的。

正因为了解了这一点，我们更要提醒自己不要犯错误，不要随意让过往影响现在，从而断开了你与未来的美好链接。

相信我，无论你和看起来多么简单的人相处，当他犯了错时，你表面上敷衍的原谅，他一定能感觉到。同样，你从内心开始的体谅，他也会感觉到。

有一位名为保罗·艾克曼的学者，他研究人们的面部表情和情绪长达30年之久。他也是如此总结，当人们试图掩饰内心的真实感受，假扮另外一种情绪时，虚假表情使用的面部肌肉和真实流露的表情有所不同。例如，欢乐带来的真实笑容会牵动眼部周围的肌肉，而虚伪做作的笑容不会牵动这些肌肉。

一句话回味

你为周围的氛围提供什么样的空气，就在为自己创造什么样的运气！

自我尊重不露怯

拿捏进退，守护自己的威信

一个人想要在社会上立足，并取得很好的发展，只有品德高尚、是个好人，那还不够，他还要有威信才能服人。

我在多处强调，人脉好和人缘好是两回事。从威信这个层面来说，人脉好的人更有威信，才能更容易地把人际交往的力量转化为生产力。

例如，有的人待人非常好，没有什么架子，大家与他聊什么都很聊得来，他也愿意把自己的生活分享给别人。可是问题在于，大家沟通的层面仅仅是聊普通的事情，万一别人出现了人生选择上的困难或者不好处理的问题，他就不会提出建设性的意见。这样的人就仅仅是闲聊的好友，而通常不会被人们当作宝贵的人脉。

在钱钟书先生的《围城》中，即将结束艰辛旅程的赵辛楣说，“旅行是最劳顿，最麻烦，叫人本相毕现的时候。经过长期苦旅而彼此不讨厌的人，才可以交朋友……”方鸿渐便问赵辛楣如何看他。赵辛楣说了一句特别耐人寻味的话——“你不讨厌，可是全无用处。”

“你不讨厌，可是全无用处。”这句话深刻揭露了“对人有用”的重要性。

还有的人，多数情况下，只交流工作经验，讨论业务知识，大家对他的私人世界了解得并不多。但是当大家出现一些问题的时候，大家就会想主动与他交流，因为他抓得住问题的本质，很有威信。

每个人都要学会建立自己的威信，让自己成为那种别人觉得是可靠傍的人物。

老陆是个脾气火暴的人，发生一些让他不高兴的事的时候，他是能拍桌子骂人的那种领导。按说现在的人才竞争如此激烈，人们的选择很多，他手下的员工大可不必在这样一个火暴脾气的领导手下跟着“受罪”。

可有意思的是，老陆手下的员工偏偏是一批“死忠”。有时候聊天聊到老陆，大家对老陆的评价就是老陆看起来大大咧咧，实际上粗中有细。他关上门可以大声批评自己人，但是出了门谁要是欺负他带的员工，他就敢去和别人拼了。跟着这样的领导有前途。

这样的情况下，他手下的员工有时候脾气也没有那么好。

在一次与其他公司的合作过程中，他的员工与合作公司的某个领导起了争执，对方公司的这位领导感觉非常没面子，于是多次向老陆“告状”。老陆总是哈哈一笑，装作没有听清楚，也没有对自己的员工进行处罚。

对方实在按捺不住，有一次，就在老陆面前说："希望您能够对那名员工进行一定的处理。不然，我会怀疑我们双方合作是否有统一的价值观。"

老陆听完这句话，当时就没给对方好脸色，他说："合作是合作，内务是内务，我的员工有任何问题，都由我来评定，我无须向你汇报。而且，从合作的角度来说，我也没有要求你们一定要符合我们的价值观。"

开始的时候，老陆采取了不置可否的态度，是为了让对方给自己一个下台阶的理由。后来对方不依不饶，甚至含有威胁地强迫老陆处理员工，此时，老陆终于用强势的态度让对方感受到了威力与压迫，从此再也没敢提及这件事情。

老陆这么做，不仅仅是维护了他的员工，更是在维护自己的尊严。有尊严的合作，才是最大的事情。

一个好领导就是这样，关起门来打骂自己人，敞开门来表扬自己的"儿女"。当员工出问题了，他有能力把事情压下去，先把外面的面子挣回来，"家里"的问题，回来再处理。这种情况下，他手下的员工就会知道自己的"头儿"有担当。

有些以为自己很聪明的领导遇到问题了，先把下属推出去扛下所有的错误，自己乐得做好人，结果是团队内每个人都寒心了。毕竟在一个团队中，人们不但追求物质上被公平对待，还追求一种稳定的安全感。

把沉默当作一种武器

有时候，我们会发现，有一些无来由的揣测会找上自己。

车莉莉是刚入职的一名员工，这个女孩工作的时候兢兢业业，非常踏实。可是不知从何时候，有人传言她是某位姓车的公司领导的亲属。

很多人都来问她是不是，她开始的时候很坦然地告诉打探的同事，她并不认识车总。

巧的是，公司一次调岗，车莉莉被调到了一个很好的岗位。

这时，大家又开始纷纷猜疑。有人还在私下传言，这个小女孩不简单，更有车总的作风，深藏不露。还有人在背后说她关系很硬。

车莉莉自己清楚，为了完成突然安排的任务，她有多少次临时加班；为了能够适应新岗位的挑战，她用了大部分的工资报了相关的辅导班学习。

关于办公室里的人际关系，这一次，车莉莉终于想明白一件事情：不论谁问她，她都不再回答自己与车总的关系。对于各种各样的说法，她不解释，也不揣测。

慢慢地，形势发生了变化，很多同事对她的态度开始转变。原本在背后评价她是靠关系调岗的人，突然间也学会了“正面思考”，毕竟如果车莉莉是车总的亲属，一味地妒忌也是没有用的，还不如就这样接受了。还有一些明显在公司中很厉害的人物，对她的态度也变得客气了很多。

就这样，车莉莉在她的岗位上做得越来越出色，别人也越来越服气。后来，她与车总究竟有没有亲属关系，再也没有人关心了。

很多事情，当我们面对的时候，总是急于开口解释，承受不了他人的压力，效果未必好。有些事情，总有两面性，当你解释也解释不清的时候，沉默就是一种力量。

忍得下，熬得出

一个人无论在什么时候都要尊重自己，但同时也要懂得尊重客观事实。

我们刚进公司的时候，是最容易发现和产生问题的，例如，发现公司的制度不完善，发现自己的领导没什么大本事。有人血气方刚，就会向公司上层反映和汇报问题。不得不说，虽然常常听到这样的说法：上层领导要学会重视公司基层员工的意见。但是，这种说法为什么常常有，是因为上层领导真的无法做到这一点，而基层员工有一些不了解的情况，例如，他看到公司的行政人员工作不够认真，但是有可能上层领导考虑的是如何进一步缩减这部分人员的数量，降低成本，至于行政工作是否能令人百分之百的满意，倒不是领导最在乎的。

当我们的社会角色没有那么重要的时候，要尊重自己手头正在做的事情，要知道一口不能吃成个胖子，路要一步步走。

哪怕处在低谷期也是如此，不能看轻自己，同时还要根据当下情况，安排自己的生活。

有一位高管，是一名海归，拥有着丰富的知识经验和业务能力。可是在一家私企中，他由于太不懂得企业创始人和另外的一些管理者的心理，所以，虽然业绩显赫，但他最终还是在内部斗争中被迫离职。

再次找工作的时候，海归的身份非但没有给他带来任何好处，很多企业反倒觉得他这个身份有可能意味着在企业管理方面会“水土不服”，因为再怎么说，他在原公司也的确被证明缺乏一定的人事处理经验。

长时间没有找到合适的工作，他由最初的不服气、怀才不遇的心理终于转化成接受现实。

后来，他进了一家小公司，从一名普通的员工做起，工作强度很大，他也没有再提自己海归的背景。就这样，他在一线，知道了很多普通人讨生活的艰难，也看懂了自己所在部门的领导如何在公司为部门争取利益，如何平衡与其他部门领导的关系。这些东西，是他不曾学习的内容，也是多少钱都买不来的社会经验。

这就是一个人面对自己、面对他人最客观的态度。

六年后，他终于东山再起。

一句话回味

沉默得越久，别人越猜不出你的底牌。

想高得上去，先低得下来

不求回报，等一个大回报

很多人看起来很普通，可是往往背后有很多个人的资源说出来都会吓你一跳。

这就要求我们在与人的交往过程中，要在力所能及的情况下，多替别人考虑一步，你多往前想一步，就有可能多一个机会。

举个简单的例子，当有人来公司找你的同事，同事不在，你可以帮忙接待一下。如果在这个过程中，你能再稍微表现得好一些，你就可以赢得这个同事的心。

你对来者稍微热情一些，哪怕仅仅是为他倒杯水，对方的心里有可能都会感觉到，因为你的这位同事在公司很有威信，所以你如此热情。或者就直接理解为，你同事的人缘不错，所以你会如此待他。

无论是从哪一种角度理解你的热情，你态度殷勤一些、姿态稍微低一些，都会帮你的同事在熟人面前建立他的威信。这样，你的同事一定会接收到一些正面的信息，也会非常感激你的好意。

当然这里还要提醒的是，我们有时候并不知道天上哪一块云彩会在什么时候下雨，不能太过于期待回报马上就能到来。

讲个真实的案例，小陈帮了小董一个忙，小董非常感激，于是就赶紧说："走，小陈，我请你吃饭。"小陈特别开心，和小董一起到了餐厅，点菜的时候也非常"大方"，花费了小董半个月的工资。接下来很有可能发生的情况是，小董的感激随着这一顿饭，实实在在由感激变成了一点怨恨。

我们再换一种设计，小董邀请小陈吃饭，小陈没有去，他这才叫帮忙。因为很多时候，帮忙这件事情，会因为我们要求的回报而变味儿。

就像有的人常常说，别人不知道感激，为什么呢？因为别人觉得，请你吃饭了，给你送礼物了，欠你的，还清了，这个忙，就忘了。

还有的人常常会说，某某曾经帮过自己，但是自己并不领情。为什么呢，因为对方不是单纯意义的"帮忙"，而是收买人心。

很多时候，我们不必急于要他人立即回报，人心是很微妙的，当你急于得到这个回报的时候，别人的感激就会越来越少。

沉住气，等别人对你好奇

很多做过销售的人都会有这样的一种感受，你前期接触一个人，想了很多的方案，设计了很多话术，这样做的根本原因并不是要骗对方，而只是要淡化自己销售的目的，让对方以为你不是在骗他。

晓东是一家房地产中介的员工，他常常会找到一些比较不错的房源。

这当然与他的勤劳密不可分，当大家都偷懒的时候，他会到自己负责的一些小区去转转。

有时候看到老年人从超市出来，拎着很沉的东西的时候，他会主动过去搭把手。常常有些人被他打动，就会提起小区内的某个房源的消息。

晓东是一个有分享精神的人，他觉得自己得益于此。

有一次，看着他的同事小赵一筹莫展的样子，晓东主动分享了自己的这个方法。

小赵感觉十分有道理，于是他变得勤劳起来，也不在屋子里待着了，经常主动走出去寻找房源。

在小区里，看到有人拎东西的时候，小赵也会主动上前帮忙，可是效果不好。有一天，小赵累了一天，却无功而返。回来后，他还抱怨晓东："太奇怪了，为什么咱们穿同样的衣服，我去小区里要帮人拎个东西什么的，他们像防贼一样防着我。一个老太太明明拿不动那堆水果了，我一开口，一伸手，她马上就低头走了，都没正眼瞧我一眼。”

晓东也非常好奇这是怎么一回事。

他决定，第二天陪着小赵一起去看看问题出在哪里。

有意思的事情发生了，晓东终于找到人们不理睬小赵的原因了。

原来，小赵每次看到需要帮忙的人，就赶紧走上前去，然后特别热情地介绍自己，例如：“阿姨您好，我是房地产中介的小赵，我帮您拎东西吧。”

对方一听这话，马上拎着东西走了，头也不回。

晓东不得不亲自示范。看到有人正在搬东西，他走上前说：“大哥，我帮你搭把手。”然后，二话不说，撸起袖子就帮对方搬东西。

搬得差不多了，搬东西的人主动递根烟给晓东，问道：“哥们儿，你做什么工作？”

晓东说：“我做房地产中介。”

这时，搬东西的大哥非常热情地说：“我自己有车，常常帮人搬个东西什么的。这个小区来来回回总有人搬家，肯定有空房子，一会儿我给你问问搬家的这家人，看看能不能给你拉个生意。”

晓东赶紧感谢，然后留下了自己的名片。

小赵看得眼都呆了，说晓东：“你运气怎么这么好？”

晓东说：“不是运气好，而是你不能太着急介绍自己，你一说自己是干什么的，别人就以为你是有目的地帮忙。谁愿意承担这种心理压力呢，就不理你了。你先帮了人家，人家自然就会对你上心，愿意帮你。再说了，帮不了你也没关系，权当咱们出来运动一下，不吃亏。”

小赵这才明白自己的业务怎么做都不如晓东，他与晓东的差距绝对不是一点点。

为需要的人做管道

人脉就像一张网，每个人都是网上的一个结点：有的人非常脆弱，连接不到有价值的人脉；有的人能力却非常强，他让很多人都取得了很重要的联系，这样，他自己也成为一个有能力、散发能量的连接点。

不要小看这个连接点，当你能够连接他人，当你愿意给别人做管道的时候，意味着你已经进入了一个很高的阶段，就是利用人脉来壮大自己的能量、丰富自己实力的阶段。

我有一个老同学，他生活比较艰苦。工作之后，他常常攒了钱就帮助家乡的两个弟弟读书，没有余钱参加一些社交活动。很长一段时间，我们都没有刻意地联系他，因为有时候，当你觉得一个人的经济状况和你差很远的时候，如果你没有太大的实力帮助他，就不要扰乱他的生活。

有一天，我接到了他的电话，他说想与我见一下面，让我认识一位非常有声望的名人。

听到这句话的时候，我几乎怀疑我记错了自己同学的名字，于是，我又问了一遍他的名字，没错，就是他。

听他的口气非常认真，我觉得无论如何先看看状况再说。

于是，我半信半疑地答应了跟老同学的见面。他约的地方很清幽、很安静。当我看到他背后的人，不禁心里有些触动。

的确没有估算到老同学有这样的能力，认识如此有威望的人。

后来，我和那位名人相谈甚欢，我喜欢不带有任何目的地接触到一些很有能量的人，因为不管你自身条件怎么样，那些能够有大成就的人都会让你学到很多东西。

通过聊天，我还发现，对方非常认可我的这位老同学。这让我也不禁重新审视了一下我的老同学。的确，他还是没有过度地包装自己，但是他的眼睛里闪烁着一种很诚挚的光芒。据那位老师谈起的关于老同学的一件事，我才知道，我曾对一些事情存在误解：原来有的人不需要从小经历复杂的生活，就能够有洞察人情的本领；即使他没有显赫的背景，即使他不是学富五车，他也可以懂很多东西，这些东西看似简单，实则高深！

例如，老同学给人的感觉是心思简单，简单到你不能，甚至不忍心去恶意揣测他的程度。他认识一个人，帮助一个人，为别人无私地奉献自己，却让人没有任何刻意的感觉。他从来不会觉得自己付出了一些劳动，促成了别人的合作，就亏了什么。他觉得，在他的促成下，事情成了，自己就赢了，就有成就感了。

我这位老同学就靠着这股劲头，在起步艰难的状况下，迅速赶超了我们大部分人。而且，他的未来也一定不会差到哪里去。

也许，那些比我们更懂得生活不容易的人，更能理解人与人之间多么需要互相支撑。

一句话回味

地低为海，人低为王；想要登高，先看脚下。

优秀藏心，未必全部展露

展示不当伤形象

一些重要的场合，我们渴望自己有好的展示，能让别人记住自己，但是要注意应该使用正确的方式。

曾经，我就目睹了一个年轻人的冒进展示，损害了自己的形象。

有一位老者从海外归来，想投资家乡建设。晚上，大家聚在一起，在欢迎的一个仪式晚会上，有人倡议大家表演个才艺，老者表示可以吹葫芦丝一曲。有个年轻人是当地某个私营业主的亲友，为了表示友好，也表示自己可以用笛子吹一曲。

本来两者都没有什么问题，可是，不妙的却是，老者吹了一首曲子之后，年轻人居然也吹了同样的曲子。也许他的本意是想表示两者是“知音”，但是在他专业演奏的对比下，老者之前的吹奏，显得是那么的“业余”。

老者的表情很不自然，再也没有什么笑容。

从交往的过程来说，老者是整个仪式晚会的主角，这是由他的能量决定的，其他人都是配角。为了统一的目的，配角要积极支持尊贵者，热情地配合尊贵者，不要认为这样掉价，这反而是一种“本分”。

如配角不能摆正自己的位置，不恰当地显示自己的能耐，卖弄自己的优秀，不仅会伤害主角的光芒，还会让人觉得是一种缺乏修养、过度炫耀的表现。

在公司也是如此，有的人常常觉得自己能言会道，觉得这是一种能力，还有的人觉得自己能喝酒，觉得这是一种本领。其实，要看这两种能力如何运用：说多了反而不妙，喝多了也是不会喝的表现。

例如有人见到领导，就想示好。如何示好呢？是“卖弄口舌”，还是“有感而发”，领导所能感受到的是不一样的。

小秦对领导说：“您看起来瘦多了，领导要多注意休息。”实际上，领导刚刚知道自己的体重增加了两公斤。

小张对领导说：“昨天的那件事，您处理的方式太圆满了，我们一定好好学习。”领导觉得没有白付出，这个年轻人值得栽培。

从这里可以看到，真正懂夸人的人，会真正地找到这个人真实的让你感动、让你学习的地方，从一个真实的事情引出话题，你的形象也会显得很真实。

过度强势不明智

先举个例子：

大家可能有时候会有一种感性认识，有的大品牌推出产品广告的时候，走强势路线，在电视上多时段播放同一个广告。

这种投入产出比并不高，毕竟有的产品的媒介购买并不是通过电视。例如，年轻人现在大多通过网络了解产品，如果消费群是年轻人的产品，就没必要一味在强大的电视媒体上强势推广，可以从离购买人群最近的媒体开始推广。这样，可以节约一部分广告开支，不要把这些费用浪费在非目标用户身上。

有时候，过于强势，容易模糊目标。因为强势，所以迷信自己的判断，不能把控住一些至关重要的细节。人际交往中也常有这样的现象，有的人习惯给人压迫感，但最终他得到的很少。有的人没给你什么压力，你却不知不觉为他做很多。

我刚参加工作的时候，不懂这个道理，虽然和很多同事是同级，可我觉得自己的工作做得还不错，就开始主动关心别人，提醒别人应该怎么做。

开始的时候，大家还很客气地谢谢我，后来有人对我提意见，说我太强势。我当时不明白，我如此善意，不计较个人利益地帮助别人，为什么成为一种强势了？

后来，领导找我聊天，巧妙地点拨了我一下，我才明白，我的失误在于没有把握一种合作的本质。合作的本质不是个人英雄主义，而是每个人都把自己最擅长的贡献出来，尽自己所能地做到自己认为最好的，贡献给集体。

一个人如果总是觉得自己的主意和安排最好，对于别人来说，这就会是种压力；对于一个团队系统的运作来说，就是种伤害，因为他开动自己的大脑，把别人都当作干粗活的人来指挥了。况且，我与同事只是平级，貌似我在帮忙，实则我是在指挥。

领导的点拨让我明白了自己的问题所在了，此后，我常常提醒自己，不要试图掌控一切，什么都掌控，等于什么都没有掌控。

有些聪明，用之不慎成算计

小张和小厉曾经是很好的合作伙伴。

他们俩常常一起合作，谈下了很多不错的生意。

有一次，他们遇到了一个脾气非常暴躁的客户。他不但脾气不好，而且还极不合作。两人请他到高档的餐厅就餐，试图与他走近。

两个人介绍产品的时候，客户总是一副在听、又没在听的无所谓状态。后来，小厉在上了一道很有名的招牌菜之后，开始拉家常，说起自己最想念农村老家的鱼。

客户听了之后，有了点兴趣。于是，小厉就利用这个契机与客户进行了沟通。小厉说了自己稍微有点儿苦难的童年，如何在农村出生，来到大城市如何让别人瞧不起，作业务是多么努力……说到动容处，眼里似乎有了点泪花。

小张也是第一次知道小厉的背景，他想到这个天天穿名牌的人，从苦难出身到现在奋斗出来的确很不容易，还感慨每个人原来都有故事，当时很受触动。

客户更是被深深地触动了。这个性格古怪、捉摸不定的客户第一次被打动了，结账的时候，他坚持要自己掏钱。而且，客户还表明，会在第二天安排一个他的主管来对接这件事情。

小张第一次看到了感情牌的厉害之处，不过他内心对小厉也多了几分同情。后来，在俩人的业务提成奖金分配的时候，小张也常常不动声色地多分给小厉一些。

事情大概过了几个月，有一次，他们一起去北方出差，小张突然发现小厉对农村的一些生活习惯是有些隔膜的。因为两个人都比较熟悉了，小张就随口说了句："你还说自己是农村出来的孩子呢，怎么对很多事都不太懂。"

小厉愣了，说："我什么时候说自己老家是农村的了？"

小张说："上次我们和客户吃饭的时候提到的。"

小厉突然笑了，用小张想不到的语气，狠狠地说了一句："你是说和王总吃饭那次是吧？他就是个土包子！咱们不是一直拿他没辙吗，后来我查了查他的背景，知道他是从农村出来到大城市打拼的，曾经还闹了不少笑话，所以，我就给自己编了个故事，果然，起作用了。我家的生活环境一直不错，在大院里算是数一数二的好条件了……"

小张当时手里正拿着一杯茶，他喝下去，觉得心里特别不是滋味。特别是他回忆起小厉当时与客户推心置腹的样子，和小厉当时眼睛里噙着的泪花，这些和小厉刚才评价别人的那一句"土包子”，无疑让他觉得小厉这个人太阴损。

小张从内心开始不能认同小厉这个人，后来小张一次也没有和小厉合作过。

多年后，小张再次听到小厉情况的时候，发现小厉过得并不太好，很精明的一个人，就是做不成事，家庭生活也不太幸福。

也许，计算和算计虽然听起来差别不大。但是对于行走社会的人来说，却差之千里，懂计算的人，拿到了好处却不被人生厌，但是太喜欢算计的人，终会有一天被别人算计。一个人懂得的事情越多的时候，越会了解生活的本质，越不会轻易要自己的小聪明去伤害和利用别人。

一句话回味

越沧桑的人，越能简单地回归简单的道理。

掌握交往节奏，急速升温冷却快

不要一次把话说尽

每个人与他人交往的节奏不一样，有的人对待他人可以一见如故，还有的人属于慢热型。

在我认识的朋友中，大部分情况下，慢热型保持的交往时间会更长。

因为慢热，有了更长的时间多接触，虽说两个人的关系远近不完全由时间决定，时间依然是一个不能忽视的重要因素。想想看，一个交往了一个月、很投缘的人，还有一个你认识了三年、了解他是个正派的人，这两个人找你做生意，需要你投进一笔数目不小的资金，你会选择谁？

我们与别人的交往也是如此，一段追求健康、稳定的关系，多半是慢热的，通过时间、一些方面的小细节，建立起牢固的信任。

速热的人对人好的时候非常好，但是因为是靠着对人不设防的、美好的憧憬去接触一个人，当发现对方有缺点的时候，他就会迅速降温、不给对方机会，自己也会被人误解成是那种“冷热无常”的人。

给大家讲个案例：董萍萍是一个很热情的女孩，和她共事的芬芬是个稍微有些冷淡、很淡定的女孩。因为芬芬的淡定，两个人交流时，董萍萍的热情也慢慢消退，两个人只不过是同事关系而已。

一个偶然的机会，董萍萍的感情出了问题，离自己最近的人是芬芬，她实在忍不住就找芬芬诉苦。芬芬看到她如此伤心，就很耐心地安慰她。

看到有人关心自己，董萍萍更是觉得委屈，她从自己是如何认识了这个男朋友，到男朋友家里的情况，再到这次矛盾的根源和表象……一股脑地倾吐给芬芬。

芬芬也多聊了几句自己的生活，那天整个上午，两个人几乎没有怎么工作，一直在用MSN聊天，于是俩人的关系就这样被迅速拉近了。

开始的时候，董萍萍非常高兴自己又多了一个好同事兼闺蜜。后来，她就慢慢发现问题了：由于芬芬身体不太好，所以经常有些请假的事情，因为芬芬觉得跟她很熟悉，所以就总拜托她去帮忙办理。还有的时候，芬芬请假不在，董萍萍就被委托去帮她顶一下工作任务。

没过一个月，董萍萍就感觉非常疲劳，她觉得自己没有得到芬芬的任何好处，在芬芬生病的时候，她却要充当替班的角色，感觉非常委屈。她对芬芬开始有了抵触，觉得芬芬这个人不好交往，没有分寸感。

其实董萍萍一直没有发现自己的问题在哪里，起初，就是因为她自己“说多了”，试想，一个都能和你聊私密生活的同事，肯定和你关系不一般，那么，自己有了问题之后，当然找关系最好的人帮忙了。

这就是提醒大家，两个人的关系需要一些时间来积累，也可以说，两人性格是否适合交往，需要时间的考验，需要必要的铺垫和积累。你想让一些人陪你走得更久，你们间的温度就得慢慢上升才行，火力也得慢慢地、一点点地加大。

违背了这个原理，一次把话说尽，把所有的底牌都亮给别人，这种偶尔的信任有可能对于别人来说是一种误导，也会对自己产生困扰。

多余的心，做多余的事

很多年前，当我还是一个意气风发的年轻人的时候，我想从稳定的工作中跳出来，做自己想做的事。我认识一些有社会资源的人，我希望他们给予一些帮助。每当被拒绝、碰壁的时候，我常常想，如果有一天，我有些能力了，一定会多帮助那些需要帮助的年轻人。

现在过了很多年，我彻底谅解了当年那些我认为仅仅是“举口之劳”、“举手之劳”却不帮我的人。不是他们不热心，而是有时候，人们无法判断自己在帮一个什么样的忙，这件事情做完之后会有什么样的效果，是推动别人往上走一步，还是把别人从大路上往歧途推了一把。

如今，很多人找我，我由曾经的大包大揽变成了现在的谨慎，是因为明白一个你不了解的人，你硬帮忙，不一定能帮得上，也未必是真帮忙。

欧•亨利的小说，有一篇叫《女巫的面包》，写出了人生的滋味：

玛莎小姐是个多年未嫁的女子，经营着自己的面包店。

有一个顾客每星期来两三次，玛莎小姐逐渐对他产生了好感。

这个中年男子很有风度，总是来买两个陈面包。新鲜面包是五分钱一个，陈面包五分钱却可以买两个。除了陈面包以外，他从来没有买过别的东西。

有一次，玛莎小姐注意到他手指上有一块红褐色的污迹。她立刻断定这位顾客是艺术家，生活条件困难，每天画画，啃啃陈面包，想着玛莎小姐面包店里各式各样好吃的东西。

这天，那个顾客又像平时一样来了，玛莎小姐找了个机会用切面包的刀子把两个陈面包都拉了一条深深的口子，各塞进一大片黄油，再把面包按紧。当他进来时，她已经把面包用纸包好了。

就当她憧憬这位男子会如何感动的时候，他来了，紧握着拳头，狠狠地朝玛莎小姐摇晃。愤怒地叫喊道："你把我给毁啦！"

原来，他在绘制一份新市政厅的平面图，辛辛苦苦地干了好几个月。准备参加有奖竞赛。他昨天刚上完墨，要用陈面包屑擦去铅笔印，可是，有黄油的面包，让图样成了废纸。

很出乎意料的结尾，是作家一惯的笔法。

人际关系有时候也是如此，帮人没有错，只是要多花时间了解。有的人，已经太久不联系了，失去了本该有的交往的密度，如此一来，不同的环境造就了你们不同的心态。在有些问题上，想问题的方式已经完全不一样了，理解对方和帮到对方是有一定难度的。

正视这样的差异，才不会用多余的心，做多余的事，以至于好心办了坏事。

交往的基础就是先把对方当外人

当我们对别人交往的节奏不能很好地控制的时候，一定要把必要的信息透露给对方。

我明白这一点，得益于我大学时期在学生会的一段经历。那时候，我们组织一项活动，部分同学自愿投入了10～50元钱的资金。后来实际操作的过程中，我发现，这点钱远远不够用。既然是主要发起人和决策人，我只能自己又往大家的活动费里加了一些钱。

后来，这件事情被我淡忘了。有一天，大家聚会、聊天，聊到我们曾经那么积极地开展社会活动的时候，有个同学突然想起来什么，随口问了一句：“我们还主动出了活动费，现在是否还有剩下的钱？有的话，我们这些人一起聚一次餐吧。”

我只能解释费用的情况，但当时我就发现了自己的问题在哪里：钱的事，一定要把它整理得清清楚楚，不是别人多心怀疑你，而是你有义务主动提供账单给大家看的。不要以为自己往里贴了钱，就很高尚，大家在乎的不是这个，而是钱是如何花掉的。

当晚，我就回去把所有的费用名目、如何支出，全部列出清单。第二天，我给每个曾经出过活动费的同学发了一份。

有意思是，大部分同学都说“不用整得这么正式”，但是没有一个人不耐烦地把清单扔掉，大家都认真地收好、带走。

这件事给我的经验是，永远不要因为对方和你很熟，也不要因为对方信任你，就忽视了信息的传递，必要的信息一定要传递到位，这是一种尊重，也是对自己负责任。

一句话回味

平时，谨慎把你的信息送出去，这将影响你与一个人交往的程度。

下篇 学会造势：让好人脉主动找你

心有大棋局，落子如有神

没有目的的人脉只是一种谈资

我们去一个地方旅游，都会事先规划一下目的地的旅游路线，然后看一眼到达目的地的路线，思考如何安排最方便、最好还能最大化地利用这条路线，将最美的风光尽收眼底。

对于我们的生活来说，也是这样，我们要知道一周主要做好哪些事，周末应该安排什么样的休闲活动。

可是，一旦放到人脉上，说起如何把自己所认识的人进行一个良好的规划，让自己的人脉成为一个良好的资源优势的时候，很多人就会迷茫。

我有一个老家的朋友，在北京待了很多年，仍然生活得不如意。我们多次劝他回去，他都不肯。

他不甘心，因为我们这一批人中，很多人已经在北京扎稳脚跟，生活和事业都风生水起。他心地纯净，我们也真心地把他当朋友，每个人都想过一些力所能及的方法去帮他。例如，有人如果有能外包的工作，就马上把这个机会给他。他收下这笔外包费，然后招聘专业的人来工作。

可是，由于他不专业，他无法在短期内马上辨别出他招聘的这些人的真实水准，往往出现的情况是，他按照行业内的标准给自己招聘的人结款，交出来的东西却差很多，没有办法使用。这样给他自己，也给其他朋友添了不少麻烦。

类似这样的情况出现了两次之后，这位朋友本身是很自觉的，这样需要一定专业性的业务，他就不接了。

能赚钱的业务少了，他在北京的消费又不能太差。于是，我们就主动借些钱给他，或者是在生活上照顾他，帮他在租房子等方面节省一部分钱。

这样的生活总不能持续，我曾劝过他，说如果实在不行就考虑回去，他原本在老家就经营过洗车等业务。

他不肯，不甘心。有一次他喝多了，这个我们平时以为没什么雄心的人，说了一句特别真的话："我不甘心，北京我认识这么多牛人，我觉得在这儿，我就有一飞冲天的机会！"

当时我们几个默不作声。

问题出在哪里呢？问题在于，没有目的的人脉仅仅是一种谈资。

当你不知道自己要干什么的时候，想想看，谁都不知道如何帮你，当你对某个领域不够专注地研究、有一些心得的时候，别人信了你，也是害了你。

再举个粗俗一点的例子，老一辈往往留下一些话，例如

“无论是龙是虫，你都要交往”，我们这里不想贬低任何行业的人，每个人只是社会角色不同。不过这句话貌似说的是，你认识的那些例如卖菜的、卖米的这个行业的从业者，也是很宝贵的人脉。

但这句话如果理解得不好，就容易误导自己。年轻人万不可以为这样一句话就是让你去结交所有人，你要先确定你的目标在哪里，你的目标如果是开一家公司，你就应该对一些貌似不起眼的行业从业人员多一些认识。例如，你除了认识更多的商业合作伙伴以外，还要尽可能多认识销售办公用品的供应商，而不是说你要多认识卖菜的、卖水果的人。当然如果你的目标是开餐馆，卖菜的人在你心中自然要比卖办公用品的人分量重。

所以，大家可以看到，只有你对自己有目标，你才能在人脉里挖到金子。

你去找他，不如让他来找你

人们往往会看轻主动来找自己的人，所以有时候，我们要学会自己造势，让别人来找你，让人脉围着你转。正如北方有一句俗语叫作“上赶子，不是买卖”，就是因为当对方没有意识到这是一场互惠互利的合作的时候，他内心认为这么做只能给你带来好处，你再热情，他也不会有积极性。

这要求我们要有一种自我营销的能力，这种能力的核心要看你专注的事情能够做到哪一步。我曾经见过一个人，他在家乡开了一家工艺品加工厂，把他家乡的一些父老乡亲联合起来做一些手工生产的工艺品。

当时他找了很多媒体，希望能够有人帮他报道他的工艺品厂。可是对于很多媒体来说，这个不太适合，所以大家也的确是爱莫能助。

工艺品销售的情况十分不好，开始的时候，他一度以为是因为没有媒体推广，有点自怨自艾，可是这并不能改变现状。

后来，他终于决定改变这一切。他去了南方很多城市，考察了很多工艺品加工的特点。他发现自己的产品最大的特点是离这个时代的时尚太遥远，造型千篇一律。

于是，他大胆地对自己整个产品和制度进行了改革。果然出了一定的效果，有韩国的商人关注到了他的产品，他的工艺品终于有了渠道可以销售。

正因为经历了低谷期，所以他格外珍惜这次机会，与韩国商人沟通之后，他又结合客户的需求进行了调整，力求做到精益求精。

现在，他已经成为当地很有名的创业者，有电视台和平面媒体争相报道他的事迹，希望能给更多创业的年轻人一些鼓励和指导。他名片夹里，媒体朋友的名片越来越多。

这个案例会给我们很多启发，为什么别人是我们的人脉，怎么样才能让我们成为他人的人脉呢?

每个人都有自己的独特性，要学会把自己的能量发挥出来，自己有了光环之后就可以吸引到关注你的人。有些人一直在烦恼为什么他人看不到自己的光圈，原因其实很简单，关键就在于你自己要先做成点事情，把自己的光圈擦亮，用自己的专业来传播自己。只有这样，才能焕发出自己独特的光芒，吸引众人的眼球。

对于职场人来说，也要靠专业的实力打动别人，而不是用一些流行的技巧，例如用一些看似漂亮却并不适用的PPT或者是Excel来忽悠他人，这是无法让别人成为你的人脉的。

正如一些明星的复出，他们不断制造的一些绯闻和话题，只是本末倒置。正确的方法是，让别人关注你的想法、你对这个世界表达的东西，关注的人中就会有铁杆粉丝，他们不太会关注你的私生活——那些随即被快速遗忘的事情。

把握交往的合理性

我认识很多高学历、高智商、高情商的朋友，他们在人际交往的过程中，也往往存在一些问题。

有个现象很有意思，不是他们不够好，而是因为他们太好，所以导致人际关系处理得危机四伏。

有个人，我们姑且称她为小桃，小桃对于自己的要求很高。

她总是要求自己能够从容地处理任何问题，与各种人相处都能够用自己的善意、豁达来征服他人。

可是现实总是残酷的，每当她和其他人沟通的时候，由于说的话太不接地气，讲的东西太超脱，让一般人很难接受，因而引起很多人对她的反感。

比如，当一个同事受到了一些打击的时候，可能会在她面前抱怨几句，但是她一听到，就会马上说："你应该停止抱怨，用正面的态度面对生活。"

这些话是她真心的劝告，也是正确的道理，但就是缺少了一点该有的同情心。

再比如，她需要其他同事的配合，她会用一种超级职业化的方法去和同事沟通。哪怕是一些小话题，她也正襟危坐，同样引起了很多人对她很"装"的评论。

这样的问题，对于一些知识水平很高的人来说，会比较严重。因为他们自身储备了太多的知识，往往容易以为是自己拥有了很多的能力，其实有的能力是需要放在现实生活中去修炼，才能内化为自己的能力。

如果对自己产生了过度的自信，就会对别人产生过度期待，从而在交往中，就会失去了一定的合理性。不是每个人都那么善于从豁达的角度想问题，也不是每个人都能够马上领悟你高妙的说话技巧。更多的人关注的是，你对他说了什么，能给他带来什么好处。

毕竟你把自己的心修炼得再仙风道骨，你面对的人也依然是凡夫俗子，所以你想让别人懂，就要说一些别人能理解的范围内、实实在在的大白话。

一句话回味

你越想用力黏紧一个人的时候，你就越有可能用力地把他从自己身边推开。

微博是你的窗口

你若盛开，清风自来

博客、微博等面向大众的通信工具，促使我们这个社会形成了“自媒体传播”。

每个人都可以在微博上宣传自己，表达自己对世界的态度。每个人也都是自己的记者，并把有关自己的新闻稿发布出来。

这是人们交往的一个新的特点，对人际关系也是有改变的。拿微博来说，也许有很多人把微博当作个人私密的空间，那就没有“如何经营的”这个问题。但如果你希望把微博作为结识一些人的工具，就需要如同经营人脉一样悉心打理它。当你微博经营得非常好的时候，就会有人关注到你。

从这个角度来说，微博是一种新的形势，但是其原理还是接近于我们已经懂得的那些朴素的人际关系交往的道理。

想要有人关注，并与你保持交流，就要有意识地发大家爱看的，而不是自己爱写的内容。有的朋友开微博后，每天坚持发几条特别有用的、能够解答人们生活问题的微博，关注他的人越来越多，关注他的人发现他对历史、社会现状也很有见地，这种坚持形成口碑传播，有几个微博大号转发了他的微博之后，他的微博就更受关注。

同时，还要保持一定的灵活性，当下发生什么新闻事件，要针对当下进行回复，这样就会让别人觉得你的微博是值得关注的，因为他们能够通过你的眼睛，去看一些最新的社会动态。

平时应该多做工作，把自己当作一个内容供应商来提供，当内容越来越好的时候，你就能够把握公众情绪了。这种情绪你理解了、懂得了，再做其他产品的时候，就增加了成功的筹码。

转什么消息也是一种态度

有一个有意思的现象：有个小朋友，上微博的时候总是关注一些类似美食、生活类的资料，但是他的微博转发的信息，往往都是一些“当红”的创业者的信息。

从这里我们看到，在微博上长期发什么信息，意味着告诉别人你关注什么，你转什么信息，也会意味着你关注什么。

转一些创业的信息，显然比转家庭小窍门有面子，虽然他看家庭小窍门比看创业知识等栏目花的时间多。

当然微博毕竟是在一个放松的氛围里进行的信息接收，所以一直打鸡血的微博缺乏真实感。人们也希望得到一些放松。

所以我们经常看微博上，有人互相争论、吵架，有一句话叫

“很多事，一认真，你就输了”。

任何一个正确的观点发在微博上，都有可能招来一些人的批判和攻击。如果认真地回复这些攻击，可能会引来“恶骂”，因为网络对于很多人来说，是一个虚拟的空间。他不是针对你，而可能只是个人情绪的一种宣泄，还有可能是你的观点勾起了他的回忆，因其使他想起了自身的一些不愉快的经历。

对于围观的大部分人来说，不同情愤怒、苦大仇深、义正词严的人。如果能够看到哪一方以轻松、放松的状态面对这个世界的质疑，吸收一些善意的批评，把一些恶意的攻击当作他们写给另一个人看的，保持自己内心的平静，这种潇洒的态度会得到人们的佩服。

想想我们看待生活是不是如此呢？当看到万物复苏、小草发芽的时候，生命的整体形象是向上的，我们内心是油然而生的欣喜。而树枯草黄时，它的枝叶都是往下垂的，古人才会有“悲秋”这种说法，我们也会有悲凉之感。

说回到人际交往上，假设一个场景，在公司里，两个同事发生了争吵。

A说B太装模作样了，明明领导已经口头答应了，让A取走一些材料。可是他去找B取资料的时候，B偏偏不给，说他没有亲耳听到领导的批准，还说按照公司的规定，一定要让A再去找领导签字。

B回应说A完全不按照规矩办事，仗着自己和领导的关系好，就乱说领导批准了，其实什么纸质文件都没有，他怎么可能给A提供这一批文件呢？万一出了事，谁负责呢？

在这里，围观的人，也有两批人，支持A的人，会认为B太装模作样，不懂得变通，有丁点儿的权力也要“发挥”一下。

支持B的人，会认A太不够职业化，明明是工作上的事，就应该公事公办，毕竟如果领导答应了，A就是应该拿到领导书面签字，再来取文件。

两个人发生了激烈的争执。后来，面对B的大声嚷嚷，A说，好的，因为领导最近特别忙，我没好意思又去找他签字，一会儿我去签字，签好了之后，请你取文件给我。

大家猜一猜这件事情被领导知道了，领导会怎样看待这件事呢？他不会以为是A输了，也不会觉得B有什么不对的地方。

说得更直白一些，他不关心这件事情谁是谁非，他在乎的是：谁在控制整个事态，没有让事态向恶劣的一方面发展。控制事态的人，才是他更看重的人。

会讲故事最抓人

好微博会常常有“故事”。

这个故事未必是我们传统以为的故事，有起承转合，有很多情节和细节，微博有字数限制，所以他的故事是有一定特殊性的。

其实，大家也会常常看到一些故事，例如，某人的头发太稀疏，不得不带假发，但是刮风天就悲催了，大风吹来，假发被吹起来，等等，这可能是某些防治脱发产品的一个广告，也有可能是某款帽子的广告故事。

还有一些女孩子的衣服也是如此，如果直接发上自己的购买链接，这样的广告大家看得太多，很容易就瞬间跳过去了，但是如果讲一个和时尚，或者和流行有关系的故事，然后上传一个流行的某款衣服的图片，看到的人就会有活跃度，就有可能主动问发微博的人，这件衣服从哪里买的，自己肤色偏白，穿什么颜色好看……

这是简单的关于产品的故事。

还有关于人脉的故事。

例如，一个小有名气的人，想认识一些微博大号、有号召力的人。

他的微博如果讲了一个生动的故事，例如，他讲了自身的行为，讲了一个“打架”的故事，那么结果就是他的这条微博在一个有故事感的背景下，讲了一个有画面感、有真实度的事情。对于打架这方面感兴趣的人就会转发和评论，接着，关注打架这个话题的微博大号，也会注意到！

关注了，评论了，互动了，私信了，认识了，有可能就一起做一些事情了。

所以，如果想利用好微博这个工具的人，需要付出一些精力来研究。故事并不是那么容易讲好的，尤其是你想让一些高智商的人关注你，就更需要花费时间和精力。

我曾经看到有人为了讲好一个故事，用了一整年的时间，做好了一件事，才有一个好故事。

那么，对于在微博上为了放松的一些人们来说，发微博时也要注意不要总是传递负面信息，除非你的粉丝里没有能够影响到你的熟人和朋友。

人们能够接受微博上偶尔出现的低落情绪，但是不太愿意接受一些软弱的内容。

例如，我曾经就看到类似这样的微博——我讨厌闻烟味，你自觉点！

这样的信息，负面不说，还暴露了一些有点软弱无能的信号。

这个人被别人的二手烟干扰了，但是他不敢面对，只能把这种烦躁的情绪在微博的世界里干扰关注他的人！

要知道，如果一个人在不应该吸烟的场合抽烟，别人是有权利直接提醒他灭烟。我就曾见过一个气质高雅、内心强大的女企业家在禁止吸烟的地方，亲自走上去，把对方的烟直接灭了！没有人觉得她无理，反而觉得她威武！

一句话回味

莫名低落容易被体谅，“无能”却容易被蔑视。

情绪预测：锐气一少，睿智就多

定力让人自动靠向你

先看一个关于定力的小故事：有一名木匠，他在自己家的院子里干活，从早到晚地忙碌着，院子里锯子声和锤子声响成一片，地上堆满了刨花和锯末。

有一天晚上，木匠站在一个很高的台子上和徒弟两个人拉大锯。拉来拉去，一不小心，“啪”的一声，他的手表链断了，手表掉到了地上。

木匠很想把手表找出来，但他就是找不到。很多人也过来帮忙找手表，可是也找不到，木匠失望地打算不找了。

就在这个时候，木匠的孩子拿着手表跑了过来，说：“哎，爸爸！你看你看，我找到手表了！”

木匠很奇怪：“我们这么多大人都找不到，你怎么能找到呢？”

孩子说：“你们都走了，我一个人就在院子玩。没人干活了，这院子里静下来了。我忽然听到滴答、滴答的声音，就顺着声音找过去，马上就看到手表了。”

这个故事讲的是，一个人只有把心静下来，才能听清楚各种声音。

在人与人的交往中也是如此，我们会遇到一些突发事件，也会遇到不同类型的人。众多的人际关系好比一条条错综复杂的河流，当它流淌在我们的生活中，就不会总是清水潺潺。面对突如其来的状况，如何应对？一个有定力的人，才能够与不同性格的人相处，才能处理好复杂的状况。毕竟，一个人拥有设计和驾驭人脉的能力，不仅在于他能够与多少好性格的人相处，还在于他能与多少坏脾气的人共事。

我特别佩服我曾经的一位老师，凡是接触他的人都认为认识他自己就有了一笔宝贵的人脉财富。

讲一个真实的案例，这位老师在做一笔生意。中途有人想稍微多分点钱，就在账目上稍稍动了点手脚。这件事情还是被这位老师的一位得力助手发现了。

助手举报了这件事情，老师却说，这件事情就算了，不要去计较了。当然老师也采取了一定的措施，保证下次对方没有机会再有这种“过界”的行为。

最让人没想到的是，那个贪了便宜的人听了这件事后，反而振振有词地说：“他是故意装大方，想在别人面前显得他好。他有那么多资产，当然不计较这点小钱了。”

所有人听完整件事后都有些不忿，觉得这个人拿到了好处，不知道感激，还说这种侮辱老师的话，很多人劝老师追究他的责任。

可是，老师就是有这样的定力，他不怨、不怒，对别人说："随他怎么去说，不要去较真。"

关于这件事情，我曾经不懂，还与老师交流过，他的说法让我觉得真实而自然。他没有讲一些要宽容别人之类的大道理，而是淡淡地说："他不这么说，能怎么说呢？难道非要逼他承认是他不对、白拿了不属于自己的钱吗？如果这样，从道义上来说，他下一步就只能归还利益了。他不想还，所以，这不过是给自己找个台阶下而已。我犯不着为那几句话较真。"

也许大家并不知道，因为这位老师的这种看问题的深入、处理问题的定力，那个人从此以后兢兢业业，在三年的时光中，居然成了老师最衷心的合作伙伴。

让自己的心静下来，让自己的眼光深入生活的深处。你懂得的，会让你心更平，让你的人脉更广。

你让什么情绪占据内存

当你没有能力给别人定规矩的时候，你会遇到各种各样的人，有的人会越界侵犯你的利益。

给大家讲个真实的案例：有名大学生，姑且我们称他为小斌。

小斌上大学的时候特别苦恼的一件事情，就是他的父母在村子里总是因为好说话，被别人借钱，这里面甚至包括他的很多亲戚。

他心里苦恼极了，因为他的父母属于老实、勤恳、踏实种地的人，很多亲戚游手好闲，缺钱了就上门借钱。

他在外念书心里不踏实，常常为此苦恼。

这是一个棘手的问题。解决这个问题，你可以说一些“亲情是最重要的”之类的话，也可以批评别人的不道德行为来让小斌解解气，但是都不能让小斌释怀。

一个孩子在外求学，自身尚未独立，心系父母更是令人动容，我只能对他说：“不要计较一城一池的得失，等你实力强大的那天，所有的东西都可收回！”

在生活中，总有一些人“占不到别人的便宜，就感觉自己吃亏了”，便宜无非是，让他人帮自己办事，不能帮自己办事的人，就想办法借钱。

小斌的父母是老实人，所以就成为一些人频繁借钱的对象，因为有了亲戚的关系，这还算不上敲诈，只能算以“亲情”为威胁的“借钱”。

小斌如果一味担心、气愤，对于整个事态的改变并不能有所帮助。

《乔普拉七法则》里有这样的话：如果你踢了一只狗，它会一直记得，十年后再次碰到你的时候，它可能会对你狂吠。但与人类不同的是，一只被踢的狗不会在十年时间里都计划着复仇。

我们这里没有贬低任何人的意思，只是从客观的情况来说，每个人都容易被感性所操控，站不到一个更高的点上看自己，就有可能看不到事情的真相，而被困住。

小斌学成之后，回到家乡。他有了份不错的工作，成了一个能办事的人。后来的情况可想而知，别人觉得他有能力、有发展，不知道哪天可能会请他帮忙，当然要先把欠的钱还上了！

当然这里不是说，小斌为了那些无礼的人，而改变自己的志向，但是只要他做好自己该做的事，他的未来就一定不会差到哪里，而大家都知道，风水轮流转。

攻城略地不如树旗一面

遇到很棘手的事情的时候，能够控制好你的情绪，很多不利的事，从另一个角度一想，就会变成一件好事。

有一个老师，开了一个职业培训班。有个人说要来报班学习，总是提出一些问题，老师都耐心地解答了。快开课的时候，这个人说有事来不了了。

因为课程是没有提前收报名费的，基本上等于这个名额就浪费掉了。

但是这位老师想得开，他说："一个人关注我开的这个班，关注了两个月，提出了这么多问题，证明他这两个月曾很多次思考这件事情了。这样，他一定会惦记，将来就有可能为此再来。而且，他告知的时间是开课之前，完全可以空出一个名额，给其他人调课，这还能给那些急需上课的人一个很好的机会，这不是等于什么都没有损失吗？"

也就是说，这位老师不计较一城一池的得失，他计较的是，是否得到了人心。这就是为自己树旗，有了这面旗，你就强大了百倍。

还有类似的一个故事，美国有个特别有头脑的出版商人，他有一批书没人买。一天，他忽然想出了一个主意：给总统送去一本书，并三番五次去征求意见。忙于政务的总统不愿与他多纠缠，便回了一句："这本书不错。"出版商赶紧给这本书作广告，美其名曰"总统喜爱的书出售"。这些书便成为抢手货。

不久，这个出版商又有书卖不出去，他又送了一本给总统。总统上过一回当，想奚落他，就说："这书糟透了。"出版商听到之后，没有乱了分寸，而是脑子一转，又作广告："现有总统讨厌的书出售"，不少人出于好奇争相抢购，书又卖空了。

第三次，出版商将书送给总统，总统接受了前两次的教训，便不作任何答复，出版商却大作广告："这本书令总统看到之后，久久，未置一词。"居然又被一抢而空。

总统哭笑不得，商人却用对了每一个机会！

一件事情是好是坏，在于你看待它的角度，客观现实改变不了的时候，改变角度就有出路。

一句话回味

你总疏远别人，机会就会疏远你。

把关键人物变成你的护照

关键人物未必头顶光环

在社会上，当我们发展顺利的时候，我们未必觉得谁是我们的关键人物。

但当出现了问题的时候，我们会很希望有关键的人物替我们扛一些问题。

这是人们通常都会有的情况，然而有的时候，我们也要提醒自己，在一些关键时刻出现在我们身边的人，就有可能是关键人物，只是他们未必头顶光环。

讲个案例：老李自己经营了一个不错的小公司，刚开始创业的时候，非常辛苦，他要管理、带人，同时自己还是业务员，有些中小业务他也不得不亲自出马。

终于公司有起色了，合作的客户积累得越来越多。老李的银行账户进账也越来越多。

此时，有个客户给老李介绍了一个大客户，推荐老李与他们进行合作。老李见了几次大客户之后，内心非常不舒服。他觉得大客户态度倨傲，令他感觉又回到了刚起步的阶段，回忆起当初的辛酸，老李开始排斥这次大型的商业合作。

老员工老刘劝他，企业虽然发展很好，但是有大机会要把握住，这是个很好的机会。

老李听不进去，趁着喝酒的时候，装作醉了，吼了老刘一句："我才是一把手。这里作决定的只能有我一个人的声音！"

很多人劝老刘不要往心里去，老刘也在尴尬中装作不在意。

后来，老刘还是离开了公司。

老刘走了以后，老李更加放松了，想起以前看人脸色吃的苦，他格外愿意接近那些奉承他的小客户，更加不重视大中型客户的开发。

开始的时候，小客户的确很多。但是每个行业都是如此，当你感觉这个行业能够赢利的时候，也就是竞争对手出现的时候。在老李所在的城市中，出现了多家竞争对手，小客户们当然更加注重价格和赢利，"价比三家"之后，老李的很多客户都流失了。

老李猛然才发现，认识这么多人，怎么身边没有几个人能称得上"朋友"？

而此时，他发现想避免现金流断掉的危险，如果能与一家有实力的大客户一起合作，是降低风险、提高抗压能力很好的措施。然而，为时太晚，他的优势变小了，别的竞争对手早已先行一步了。

讲这个案例，是为了告诉大家，有的关键人物未必头顶光环，往往是从另一个角度思考问题、能给你提供另一种思考的人。老刘是老李的关键人物，虽然他不是企业的创始人，但是他有更深远的市场敏感度。

再从人心分析，老李是企业创始人，他对大合作之后一定程度的权力被限制，私心上一定存在不满意。老刘则不同，他不是创始人，没有很强的个人感情色彩，所以更能从可管理性的角度看待企业的发展。

每个人都应该珍惜那些给我们提供生活另一面思考的人，也许，我们拒绝的，恰恰是我们需要的。

三种人变成一种人

每个人的身边都可能有三类人，第一类人是对你心存善意的人，第二类人是根本不关心你的人，第三类人是对你有恶意的人。

如果处理得当，第二类人和第三类人都有可能变成第一类人。

例如，有恶意的人会常常在语言上有所挑衅，例如说："你知道××原理吗？真怀疑你大学是怎么毕业的。"、"××是如此有名的诗人，你居然没有听过他的名字，你真该学习了。"

这些问题以及它们那些数不胜数的变种，根本就不是真的有什么疑问，也并不是真的给出什么建议，或许它们只是为了使你失去平稳的心态。当遇到别人问你这样问题的时候，如果你愤怒，或者费尽心力去找对方的漏洞进行还击，都有点儿浪费自己宝贵的生命。

不如装作没听见，你只管回到你的主题：我们刚才商量的方案你准备做什么？我提到的诗人聚会，你打算如何筹备？这样，你不给他人向你撕破脸皮的机会，就有可能减少他对这一类威胁性问题的依赖。

我们如果悉心观察，就会发现有这样一类人，虽然他没有出众的容貌，也没有高人一等的背景，但是别人就是不敢轻易冒犯他。

那恰恰是因为他具备了一种静时如山的气场，这种气场不会随意被任何人破坏，也不会因为某个人一句挑衅的话而被击破，他把自己的情绪牢牢地控制在自己手中。正是因为他的安静，让他人的攻击显得小气而可笑。

口碑是一本万利的事

商业社会中，口碑能够带动“变现”。

很多青年人都特别崇拜李开复。在很多方面，李开复都非常值得学习。

客观来说，他有节奏地出现在人们的视野中，让人们对他的好感和关注有了一定的持续性。如果现在有这样的一个问题：“请你回答，与微软关系很紧密的五个人都有谁？”

恐怕除了比尔•盖茨之外，知道保罗•艾伦的人都比较少，但是多数年轻人一定会答出李开复的名字。

他们还能够背诵出李开复说过的一两句话，例如，“有勇气来改变可以改变的事情，有胸怀接受不可改变的事情，有智慧来分辨两者的不同。”

从这里我们能看到口碑对于一个人的重要性，口碑不容易得，但当你拥有了口碑之后，你做事有了关注度，就意味着你有可能拥有更多的社会资源。

不论社会如何发展，人们对好人品的需求是永久向往的。

曾看到这样一则消息，有人留下这样一段文字：“19××年×月××日晚7时，我写完最后一篇工作日志，关紧厂房里的最后一扇窗。窗上有一小片白灰溅上的印迹，我用指尖点了一点口水将它擦掉了。我明天要去一个新的公司上班了。”

这是一位求职者向一家大公司写的求职信的开始。这段文字写得很真实，体现了求职者完美的敬业精神，很多公司最需要的正是这种工作严谨的生产工人。

不但求职如此，每个人都要学会给自己树立口碑，当你的朋友都来宣传你的时候，你会有意想不到的收获。每个人都有自己的职业圈子和社会圈子，一张普通的面孔背后，说不定隐藏着很有分量的黄金人脉。

有位演员本来是位群众演员，她出演了一个角色，她尽心尽力去演，但是不得不说，片子出来后，她还是没有被关注到。

可是她给剧组的一个人留下了很深的印象，剧组的人当然有机会接触到导演或者其他剧组的剧务人员。一个合适的机会，小惠就被推荐并得到了一个至少比目前好很多的角色。

这就是提醒大家，关键人物是需要你的好人品来吸引的，当你让一个合作方满意或者感动的时候，你的故事有可能就被传播开来，感染某一批对你来说很关键的人。

一句话回味

由通信录的一个名字，到认识一个圈子，这个距离在于你是否是个靠谱的人。

多帮忙也要多传播

给自己一个帮助别人的“名分”

很多人的成长环境中，评价的标准都过于单一。例如：“学习好，就一切都好”，或者“工作业绩好，也一切都好”。

这种状况忽视了人际交往中要求的高度合作性，有这样一句名言：一件事永远不要靠一个人花100％的力量，而要靠100个人花每个人1％的力量去完成。

如果从小学到大学，你一直被单一价值观所引导，没有积极争取当班干部或者进入学生会，那你进入社会后，就应该多参加一些志同道合的人组织的沙龙。

也许你的清醒、理性，就有可能帮到别人，你可以向别人学习，还可以通过帮助别人来给自己创造商机并扩展自己的人脉网络。

想拓展新人脉，在大街上对陌生人示好未必能够引发别人的好奇。但是如果参加一些沙龙，人与人之间互相认识，就有了一定的合理性，人与人的交往在有理由的情况下将更顺利。

有理由是非常重要的，因为人与人的交往、互动，最好在自然的情况下发生，有助于在合理性的情况下产生一种信任感。在社团中，多付出劳动，多帮助别人，才有可能让别人记住你。而且，你最好是给自己争取一个合理的角色，这样你又多了一个服务他人的理由，这样慢慢发展，你的人脉必定越来越广。

除了社团之外，还可以给一些你认识的人写邮件，当一个业务要开展的时候，你突然发现可能需要你的某个同学。但是老同学好久不联系了，你蓦然找同学，恐怕对方因为警觉而产生心理上的反感。

那该如何聊第一句话，让对方觉得你找他帮忙是合理的呢？

你可以说："我正和一大批老同学聊天呢，想到了你，咱们有空见面聊聊吧。"

你还可以说："我正在家里整理老照片，看到了你的照片，想到了你。好久没见了，咱们找几个朋友一起聚聚吧。"

有了合适的理由，再找机会看看对方是否有需求，这样不破坏关系，还能够表达自己的善意，增进彼此的感情。

至少要让别人知道你是谁

小林和小冰是同一个学校毕业的，主修的还是同样的专业。毕业后，她们进入同一家公司工作。

两个人的工作都是给一些媒体的老师寄发一些资料，这类工作很枯燥，但是俩人的工作状态很好，都在兢兢业业地工作。

唯独不同的是，小林寄发资料的时候，总是夹上自己的名片。东西寄到了之后，她还会主动给对方打一个电话，她会恰如其分地作一个30秒钟的自我介绍，然后问对方还需要什么资料，她愿意主动提供。小冰不会做这些，她一直是按照常规工作安排寄发资料。

一个月结束后，小林寄发邮件，出现了一次失误；小冰没有任何失误。

一年后，小林积累了很多媒体资源，她拥有了与媒体很多老师不错的关系，得到了一个晋升的机会。小冰成为优秀员工，得到了一笔不多的年终奖。

这件事情很真实地说明了，人可以老实，却不能死板。当你拥有得天独厚为别人服务的机会的时候，你可以不要求对方回报，但是不要让对方叫不上你的名字，瞬间忘了你是谁。

帮助别人也要分层次

帮忙有不同的层次，对不同的人，你要学会使用不同的方法。如果有的忙，你帮错了，不但不会传播你的好人品，反而会影响你的声誉。

公司新来了一个实习生小潘。小女孩非常机灵，也很自信，总是主动找人聊天，分享自己的想法。

老员工周姐很喜欢小潘，所以每当小潘遇到一些困难，周姐就会主动帮她，周姐总说感觉自己当年入职时没人指导，所以希望多帮帮年轻人。小潘也非常感激周姐，平时总是“姐长姐短”，嘴很甜。

有一次，领导临时让小潘打印一份开会用的资料，小潘觉得很简单，就立即把所有材料打印好送到会议室。但是领导低头看了一眼材料，脸上立即浮上了一层乌云。

原来，小潘打印的材料没有基本的排版，甚至都没有添加页码。而来开会的人，是比较重要的人，领导认为小潘连这件小事都没做好。

会议结束后，领导就随口批评了小潘几句，可是小潘觉得非常委屈。她突然就哭了，然后还赌气地把材料摔在了桌子上，来来回回只重复那几句话：“没有人告诉我呀，没有人告诉我要这样！出了问题就批评我，我刚来，什么都不懂，没有人提醒我要检查页码啊。”

有知情的人听到之后，感觉小潘非常不懂事，但是大家也犯不着与她较真，也都不吭声。可这几句话对于周姐来说，是个不小的触动，不明真相的部分同事还以为小潘在暗中指责周姐的指导不力。

周姐也陷入了思考，也许有些事情是一个人独立体味后，才会懂得做事与做人的道理。她之后慢慢地疏远了小潘，不让小潘难受，也不让自己委屈。

不过，如果能够在恰当的时候帮对一个人，那么，正能量释放出来，效果也是非常好的。

老宋带领的团队是整个公司中最强的团队，所有的人都非常佩服他，而且愿意跟随他一起做事。

原因在于，当公司下达一个重要任务的时候，其他部门的领导都是指挥工作，然后给员工打气，承诺工作结束后，请员工聚餐、放松。

老王不是这样，他知道工作压力大的时候，只有自己亲自上阵，才是对员工士气最大的鼓舞，所以，他的团队业绩是最棒的。这是因为老王务实，他明白有的情形如同一个人不慎落水，在岸上示范标准的游泳动作是没有用的，而是需要你跳下去，真实地拉落水的人一把！

一句话回味

帮别人要根据情况，如果对方不慎落水，不要在岸上示范标准的游泳动作，而是需要你真实地拉落水的人一把！

适度藏拙，为什么成功的人总成功

别让坦率引发别人的压力

成功的人总是一副成功的样子，我们通过观察会发现，人们的长相会随着对生活不同的感悟发生两种变化：一类人的长相让你一看，就知道他生活得很舒服，他把自己的生活处理得很好；一类人，你看到他的长相就能感受到了一种压力，仿佛他总有些事情没有处理好一样。

成功的人要学会藏拙，不是说刻意掩饰自己，而是没有必要把自己的全部展示于人前。

因为有时候，你的坦率不但给自己压力，也会给别人压力。

有的压力是自己给自己的，例如，如果一位女性由于一些原因离异，到了新的工作单位，她不应该告诉别人这一点，毕竟这属于她自己的私事，大家并不知道这一点，所以大家在讨论婚姻问题的时候没有压力，她自己也会无压力。

倘若她不隐藏这样的信息，那么她不但自己敏感，还会令周围的人也处于敏感之中。这就是一种伤害。

不但私人的事情如此，个人的情绪也不要太直白地表露。如果有人总是说："没办法，我的脾气就是这样急，改不了。"或者说："我就是不喜欢做这些细致的工作，特别容易出错。"

大家想想看，在成熟的人眼中，说这种话的人，和不懂事的小孩子有什么区别？既然自己有这么多问题，或者这么娇贵，总是觉得这样不好，那样也不好，何不在家里待着，还出来工作干吗？

一个朋友面试过一个高端人才，坦白讲，这个人的业务水平很高，脑袋也非常灵活。朋友不禁疑惑，这么有才能的人，为什么还没有被猎头挖走呢？于是，他就询问了一下对方的情况，知道对方曾经还有一段做管理人员的经历，朋友就想了解一下经过，以便于考虑将来如何让他带团队。此人一张嘴说话，就是怀才不遇之感："团队里每个人都有小算盘，甚至不能统一语言，完全就没法带这批人。"后来，朋友又问了几件具体的事情，他认为全都是别人的失误，让他无法开展工作。

面试完后，此人被朋友彻底放下。

再讲一个过于坦率而引发的人际交往不顺畅的案例。老员工通常在公司是很宝贵的资源，就算他没有出众的业绩，但因为熟悉企业文化和工作流程，也会比其他人更多一些机会。可是有些人往往会因为自己的失误，断送了自己的好前程。有的人到了一定年纪，有了一定的资历，就墨守成规。当公司实施新的制度，并且要考核的时候，领导让一名老员工带头学习，本是非常好的机会，不料他说："我上岁数了，就不带头了，还是让年轻人学会了，给我传达一下就可以了。”

这种消极的情绪，是一种不成熟的任性，只能让机会离自己越来越远。

不要随意、负面地传达自己的想法。毕竟很多时候这些只是我们不经意出口的，可却给了别人不满的理由。人们对你的信任需要累积和维护！

严格要求自己

在《伊索寓言》里有这样一个故事：铁罐和瓦罐是朋友，有天，铁罐对瓦罐说它想出去，到大街上走走，问瓦罐愿不愿陪它。瓦罐说：“我不想走出家门，因为外面的世界很复杂，我在自己的家里自由自在。”铁罐鼓励它：“你应该走出去看看外面的世界。”

瓦罐说：“你是铁的，皮很硬，不会碎。我出去磕磕碰碰的，一会儿就碎了。”

铁罐说：“不用担心，如果有什么硬的东西来到你面前，只要我挺身而出，你就安然无恙了。”

瓦罐听了之后，觉得非常放心，就陪着铁罐一起上路了，铁罐和瓦罐还手挽着手。

两个罐罐每个都有三只脚，走起路来摇摇摆摆，只要有一丁点儿磕绊，两个罐罐就会碰到一起。

瓦罐感觉太委屈了，它简直就是活受罪。

最后，它还没来得及开口抱怨，就碎成了一片。

在一些朋友遇到很多问题的时候，我都会想起这个故事，讲给他们听。

无论是夫妻关系，还是同事关系，只要是合作关系，都容易出现这样的问题，就是两个人的能力、经验、素质不太匹配的时候，当外界的压力还没到来的时候，其中一方就已经被另一方伤害了。

所以，有好的人脉意味着要找优秀的人合作，更意味着要把自己变成能与之匹配的人，要对自己提出更高的要求，以一个优秀的人的标准来要求自己。

就拿最简单的约会不迟到来说，这就是非常重要的一条。如果每次约会你能不迟到，而且稍微早到片刻，你等着别人来见你，你的气势就会镇定，你的气场就会稳固。但是如果你迟到了，你刚进来，没说任何话，就要先向对方道歉，自然心虚气短了。

多说拥有的，少说没有的

有种效应叫马太效应，关于马太效应还有一个故事。国王远行前，交给三个仆人每人一锭银子，吩咐他们："你们去做生意，等我回来时，再来见我。"国王回来时，第一个仆人说："主人，你交给我的一锭银子，我已赚了十锭。"于是国王奖励了他十座城邑。

第二个仆人报告说："主人，你给我的一锭银子，我已赚了五锭。"于是国王便奖励了他五座城邑。第三个仆人报告说：

“主人，你给我的一锭银子，我一直包在手巾里存着，我怕丢失，一直没有拿出来。”

于是，国王命令将第三个仆人的那锭银子赏给第一个仆人，并且说：“凡是少的，就连他所有的，也要夺过来。凡是多的，还要给他，叫他多多益善。”

现在，马太效应被人们广泛地认知。简单的理解就是，所谓强者越强，弱者越弱，一个人如果获得了成功，什么好事都会找到他头上。

人脉也是如此，人们倾向于把资源给拥有资源的人，人们也愿意帮助那些本身有一定能力的人。

当然，马太效应谈不上是好是坏，对于没有资源的人来说，你过去有多么默默无闻，并没有太多人关心，人们关键要看你现在在做什么，你的未来有什么样的可能性。要学会乐观地看待自己，你的杯子盛了半杯水，你描述这个杯子是半满，还是半空，取决于你是否乐观。

对于一些有社会资源的人来说，要学会合理地展示自己的优点。社会是现实的，那么，当你向别人介绍自己的时候，会如何表达自己现在的状况呢？

你解释自己的性格如何，固然很真诚，但在别人看来，性格是难以捉摸的，他们还是感觉你的介绍很空、很虚。

人们容易犯的，也很难避免的一个错误就是，人们常常把对方拥有的东西，等同于对这个人的认识。

例如，如果你随意地说自己拥有一辆昂贵的车，这个车的意象就会进入对方的脑海之中，占据他对你的认识。

这并不是说人们势利，而是，这辆车往往会让对方更了解你客观的生活状况。这辆车还有一个很大的作用，就是它打破了别人相信你的阻碍，太多人吹嘘自己本没有的财富，人们如何分辨呢？这辆车就是一个客观的证据，帮助你建立起一定的信任度。

一句话回味

杯子盛了半杯水，这个杯子是半满，还是半空，取决于你如何看待，如何描述。

约见是项大工程

约见之前做功课

无论约见谁，约见之前都要做足功课，才能够把握好见面的机会，达成自己见面的目的。

给大家讲个案例，一个朋友需要作个情感咨询，于是她给不同的机构发去信息，要求看一下报价表和内容安排。大部分的机构都把信息发给她，她一时难以决定，后来她发现有一家机构与其他的不同。在沟通这件事情的时候，对方在尊重她的前提下，问了她几个问题，并表明了解了大概的情况之后，会反映给有关的老师，让老师根据她的具体情况，作一个适合她情况的安排给她。

不要小看这个行为，每个人都希望自己在他人眼中是特别的。因为这家机构的不同，朋友锁定了这家让人感觉能够真正关怀到自己的机构。

讲这个案例是提醒大家，要让别人真正对你感兴趣，很多事情是在对方还没有选择的时候，你就要做功课，那就是站在对方的角度来看自己还有哪些可以打动对方的地方，还有哪些需要完善的地方。

对于约见客户来说，不但要了解对方所在单位的需求、企业的市场占有额等基本的内容，还要多了解人的因素，例如你所见的这个人，他在这笔业务中最大的利益点在哪里，这笔业务他是参与者还是决策人，他在自己所在的公司加薪或者升职最大的压力是什么？

很多人常常以为，给客户送东西就能够打动客户。于是，不了解客户，就贸然约见，这样做，远离了打动他人的本质。看问题不能偏离本质，就像吃饭喝酒可不是积累人脉一样。应在约见前，多思考、多发现别人的爱好与意愿，这才能：施的人坦然，受的人欣然。

这些信息你了解得越多，见面的时候自然就会表现得越好。

第一个 60 秒，就展示出气场

在《世说新语》中有这样的一个片段，耐人寻味：魏武将见匈奴使，自以形陋，不足雄远国，使崔季珪代，帝自捉刀立床头。既毕，令间谍问曰：“魏王何如？”匈奴使答曰：“魏王雅望非常，然床头捉刀人，此乃英雄也。”

大意说的是，曹操要接见匈奴的使者，但是他自己觉得自身形象不太好，于是他就让另一个形象很好的人来代替自己，他自己就拿着一把大刀站在旁边。

接待完之后，曹操派人去问匈奴的使者感觉如何？使者说：“坐在床上的人，的确是很有风度的，然而我觉得床头拿着大刀的那个人，才是真正的英雄！”

人们常常用这个故事形容一个人的气场。

气场比一个人的样貌更重要，基本上刚接触的60秒，你是强气场还是弱气场，就能立即被他人感受到。

这里提到的气场并不是一定要你多强势，而是你对自己有多自信。正如《世说新语》这个故事中，曹操之所以样貌一般，却气宇轩昂，这不是装的，而是他征战多年，杀伐决断之下对事情拥有了一种强大的操控力，而产生的一种强烈的自信，也成就了一种“英雄气”。

我们来反推这个案例，人际交往也是如此，你越展示出这样的自信，别人越觉得你有能力驾驭一些事情。

我给大家举个这样的例子，有人曾经想给我介绍个业务，他说：“你听说过我们这个业务吧？”我如果回答：“没听过。”这对他的自信无非是一种削弱，他可能会对自己所推荐的这项业务的影响力打上一个问号，于是他不得不重整旗鼓，再次解释。

一个成熟的业务员会这样给人介绍：“公司在今年推出了一个大项目，我负责其中的业务是……”如果这样说，听的人也许会觉得可信度高一些。

这也就是告诉大家，自信是气场的核心，你要建立起自信。你使用的语言，你的体态，你眉目间传达的情绪，都会让你散发出一种力量。这种力量虽然看不见摸不着，却会马上被对方在第一时间捕捉到，并影响后期的交往。

对于约见客户来说，同样如此，要展示一种自信、从容的气场，不妨从自己熟悉的事物入手。讲个案例：有时候约客户在自己的办公室见面、聊事情，不适合冷冰冰地只谈公事。

曾经我拜访的一位企业家就是如此，他的整个办公室装修得很有特色，体现了他的高雅品位，他的办公室里有茶桌，还有一套昂贵的茶具。他懂茶道，兴致好时，请人品茶，既有禅意，又有人情味，比起设宴百桌要高明很多。

所以，如果你想在第一次见面就展示出自信的一面，不妨从自己懂的事情入手，设计场景也好，引出话题也好，当一个人做自己懂的事情的时候，会在不知不觉中散发一种气场。

合理控制小插曲

我曾听到这样的一种说法：恋人之间只要远行一次，回来的时候，就可以确定两个人是会在一起还是会分开。

也许听起来有点怪，细想却大有道理。它暗含了人际交往中的一个道理。有的人，天天在你面前，你未必读得懂，有的人，你见他千次未必会发现他的优点，或者他的缺点。

问题出在哪里呢？

当固定循环地重复一个生活内容的时候，我们根本不能够了解对方，只有在发生突发事件的时候，你才能看到一个人的另一面。

见客户更是如此，你是为了开创或者维系人脉而约见的，见面时要警惕一些小插曲，控制得当不影响交往，控制不当就将适得其反。

你约了客户吃饭，你的一言一行、一举一动都将在他的“品味”之中。你如何点菜、点菜的时候是否能够照顾好对方的喜好，对方都会根据你表现出来的修养、气质、品位，在心里给你打分，你的每个细节都在告诉他：你是个什么样的人，你是否经常参加社交场上的各种活动，你是否能够得体地与外界交往。

先来给大家设计一个场景：你的表现非常好，这时突然有个服务员过来倒水，不慎把水洒到了你的衣服上。在服务员道歉之后，你是原谅他还是得理不饶人？要知道，客户虽然和你在同一个桌上吃饭，他并不是你的亲密朋友，他会借机观察你。

错的当然是服务员，但如果你对服务员大吼大叫，他会觉得自己也没面子，还会觉得你的粗暴暴露了没有修养的一面。

所以，对待这些小插曲，要合理控制，别忘了你今天的大目标，别忘了你的大局。生活就像一次考试，没有人知道考你的人会观察你哪一点。你所相处的每个人都有可能成为考验你的一道题，所以我们要学会善待别人。

相反，如果你很灵活，让客户觉得你是个与人为善的人，他对你的印象就会有所不同。例如，你与客户在你公司的大厦停车，前方有“车位已满”的告示牌。

此时，你朝停车场管理员打个手势，面前的拦车杆立马缓缓升起，你就能找到车位。

因为你平时对这位管理员亲善和气，他愿意在能力范围内给你一些便利。

这就是你的社交能力在小事上的表现。

一句话回味

看问题不能偏离本质，正如吃饭喝酒可不是积累人脉。应在日常中发现别人的爱好与意愿，这才能：施的人坦然，受的人欣然。

重的东西学会轻轻放

你看重的东西，对他人很轻

一个偶然的机会，我认识了一位在电视上看起来很利落、很干练的女性。

没想到她其实很平易近人。大家与她交谈，开始时还觉得如沐春风，可是谈话进行到某一个话题时，所有的人都沉默了，基本上没人可以接上她的话了。

因为她在聊她的女儿，她说："我狠下心，对女儿就是采取完全开放式的教育方式。有一次，我带她去餐厅吃饭。我们大人吃饭也不理她，她把餐盘搞得乱七八糟，但是我们都没有说话，任由她把番茄酱搞到衣服上，因为这就是孩子的天性……"

在座的还有另一位女士，我发现她的眉头已经皱了起来……那位女士还在滔滔不绝谈自己女儿的故事，开始的时候大家应景地陪着聊，后来都无力地坐在那里，不出声了。

整个下午再没有别的话题能够挤得进来。

离开的时候，我们都有一种感觉，相见不如不见。

且不谈她教育孩子的方式是否科学、是否与在座其他人的观点一致、是否引起他人不必要的抵触，单说她一直在谈自己的孩子这一点，就让人不是很愿意接受，毕竟那是她的私事。也许她的孩子对于她来说很重要，但是对于其他人来说，可能与大街上迎面走来的孩子没有什么区别。

再试想，如果公司举行一个聚会，虽说是允许带家人、放松的聚会，但是如果有一个成熟的男人，带着不成熟的孩子来了，大家还要帮忙一起照顾这个不成熟的孩子，内心该是多么不放松。况且，如果孩子哭闹，一个平时理性、严肃的人，突然就变成了一个在孩子面前没有威严、没有办法的父亲。这样的事情，对他自身形象绝对是一种伤害。

讲个《世说新语》里的故事：谢公与人围棋，俄而谢玄淮上信至，看书竟，默然无言，徐向局。客问淮上利害，答曰："小儿辈大破贼。"意色举止，不异于常。

大意就是：谢安和客人下围棋，一会儿谢玄从淮水战场上派出的信使到了。谢安看完信，默不作声，又慢慢地下起棋来。客人问他战场上的胜败情况，谢安回答说："孩子们大破贼兵。"说话间，神色、举动和平时没有两样。

当然，每个人都有自己的情绪，四下无人的时候，谢安当然激动得不得了，但在人前，就是要这样，有一份刻意为之的淡定。这种淡定不干扰他人，展示出自己的大气。

·重心思，要轻描淡写

当我们想得到一件东西的时候，眼睛中就会流露出一种急切的神情，也容易失态。

这种急切，会让我们离想要的东西越来越远。

要学会轻描淡写，才会让事情往一个自然的方向发展。

例如，你想得到领导的重视，自觉自发地做了一份案头工作，希望能够让领导看见。这时不要急切地邀功似的向领导汇报。为什么呢？你根本无法判断这份资料在领导眼中的价值，所以不妨轻描淡写地说："我作了一个客户的分析报告，把我们的客户按照年龄、收入水平、城市分布等情况做了一个分析表，但不知做得怎么样，还望您多多指点，您的经验丰富。"这样，你用客观的态度在为自己争取到了他主观上的好感，更容易取得成功。

再给大家讲个商业上的例子：在一座海滨城市里，旅游旺季最受欢迎的无非是工艺品售卖处和海鲜城。

当然，一个生意好做，就会有无数的人来做，所以，虽然人流量多，但是竞争也相当激烈。来此地旅游的人，往往不知道该买哪一处的东西，也不知道去哪家饭店吃海鲜是最划算的。

有两个生意人就想了一个好主意，他们知道因为利益的关系，所以海鲜饭店与工艺品销售商自卖自夸是没有用的，他们就开始尝试互相夸赞。

当顾客在海鲜店吃完海鲜，聊起要买些工艺品的时候，老板就会随意地推荐固定的那一处工艺品销售处。而这家销售工艺品的老板也很够意思，顾客选完工艺品要走的时候，他也会淡淡地提醒顾客可以去这家海鲜，这家店的价格公道、味道好。

如此，人们常常觉得这种推荐是真诚的，是因为自己在此处消费才得到老板的推荐，两位老板正因为不是直接给自己创造利益，所以态度都没有那么热情，这更加让人感觉踏实、轻松、放心。两家的生意都越做越好。

没有什么重到你放不下

平常，人们往往看起来心理素质的差距都不太大。

遇到事情的时候，这种巨大的差距会立即把人分出层次来，还会被别人迅速摸清你的底牌。

很多年前，我的领导要选一个业务主管，李清和刘远同时面对竞争上岗的问题，李清比刘远更有资历、更有人缘，还有重要的一点是，李清的学历是研究生，而刘远是大专生。面对这次竞争，李清非常“用力”，显然他不想掩饰自己对新职位的向往，甚至多次有些直白地表示愿意带团队，好好干。

领导最终还是选了刘远。

虽然我也很好奇、很想知道原因，但一直没敢提，直到有一天领导没有避讳，在与另一个领导打电话的时候，他说起了原因。他淡淡地提到刘远的优点，他说：“刘远给我印象最深的是，一个大客户发生了变动的时候，大家都很紧张，他没有慌。”

这一点不慌张让刘远在领导心中的位置高了起来。

时隔多年之后，遇到一些事情的时候，我也常常提醒自己，慌是没有用的，天大的事闹起来也就那么一段时间，不要迷信自己学习的知识，遇事不慌，能够放下，才是一个人的素质。当一个人懂很多知识，又太想要一个东西的时候，往往思考得越周密，就越会怕犯错误，在遇到大事的时候，不能调整和控制。

要学会不慌张，放下一些事，例如，我有时候会开玩笑地提醒年轻人，当你今天感觉非常不想上班，状态又非常不好，没有请假，也没有去公司上班，恰恰领导打来电话的时候，不要以为马上打起精神，赶紧说，“我会尽快赶到公司”，就会让领导感动，觉得你很敬业。这样做适得其反，他马上就猜到你没有什么业务在忙，没有忙什么正事，而是在“偷懒”。

你要镇定地表示，真的有些事情走不开，问领导能不能改天再沟通具体的事情。这样说，即使你不再去撒谎说你是为什么事而忙，领导也会在心理上认定你在忙一些事，从而理解你。

一句话回味

能将重的东西轻轻放下，意味着你具备驾驭重物的能量与操控力。

踏踏实实地为造势投资

任何时候，都展示最好的身体状态

曾经有一段时间，我特别疲劳，整个人都显得没精神。

看看一沓的机票、火车票，我更觉自己有理由没精神。

有一次，在见到一位任何时候都很有气势的企业家的时候，我实在没忍住，我问他："您是如何保持这么好的精神状态的？"

他笑了笑，问我："你觉得我的精神状态好吗？"

我说："当然了。"

说完，我就有点后悔，我分明看到他眼神很明亮，但是眼睛里明显有红红的血丝。

他说："我已经连续一周没睡过超过五小时的觉了。"

我说："那您有什么好的精力接待这么多人？"

他笑了笑，说："一个人必须要有好的势头。因为人很奇怪，当你精神萎靡的时候，别人仿佛觉得不批评你几句都不行。相反，你精神抖擞的时候，别人一接触你，就会愿意接受你。我们没必要非要养尊处优，才有好的精神状态。创业公司就该如此，任何时候，都是最好的身体状态。”

听完他的话，我很有感触，也许我见他之前，准备的那些问题都没有太大的用处了，因为我的疲劳让他不会打起精神回答我的问题，反而他的神采奕奕，让我的思维跟着他跑了起来。

对于现在很多人来说，这个案例同样很有作用，我们现在常常感觉自己一直在吃苦，其实未必是真的吃苦，往往是看到别人吃螃蟹，我们一看自己碗里只有青菜，就觉得是在吃苦，实际上离真正的“苦”很远。

不必总觉得要让身体恢复到一个什么样的状态才是一个良好的状态。你可以今天不见某个人，但是到了你们相约见面的时候，你就应该带着好的精神状态一起上路。

用钱买你未来需要的东西

讲一个歪打正着的个人经历。

也是很久远的时代，我刚在北京发展。老家来了一位校友，校友带了很多家庭条件不是特别好的同乡，想来北京找点活儿干。

他当时找到我，我问了一圈人，的确是帮不上什么忙。

我内心有些过意不去，于是就带他们去一家特有名的餐厅吃招牌菜。

当时花了不少钱，结账时，大家没想到这么多，都不想让我一个人掏钱，于是纷纷表示愿意自己出钱付账。

我实在不忍心他们不赚钱却要花钱，于是就赶紧说：“不用担心我，我认识这家店的老板……”后面的话我就不肯说了。

大家听了，马上就不争抢着付账了，这也是我愿意看到的情形。

其实我的确见过这家店的老板一两面，不过不熟，所以我也没有说后面的话，但是大家以为我可能有关系、能打折，或者少花钱。

告诉大家，那一顿饭，基本上花了我半个月的工资，后来的半个月，我都是在很窘迫的状况下度过的。

有意思的事情发生了，有的老乡回老家之后，不但描述了我的盛情款待，重要的是，还讲了我如何有本事，与大餐厅的老板都如何熟悉，如何吃饭都不用花钱……

就这样，有个生意人通过这些描述找到了我，问能否介绍他与这家餐厅的老板认识一下。

没办法，我只能硬着头皮上，没想到很顺利地把老板约了出来。更妙的是，两个人的生意居然谈成了。此后，我就真的成了这家餐厅的贵宾，吃饭真的可以打折了。

这个事情在我的经历中算不得大事，却让我很真切地体会到：一个人该如何使用自己的钱，去给自己铺未来的路。

花一部分小钱为你造势投资，可以得到未来的大回报。

投资在哪里，回报在哪里

很多人觉得有的投资投出去，未必能很快看到效果。

的确得承认，很多东西的确没有那么快得到，因为好的东西往往需要等。

我常常见有的年轻人买大件昂贵的生活物品的时候，眉头都不皱一下，但是遇到买书之类的小事的时候就会变得非常犹豫，还有的人干脆只借别人的书看。

你不愿意花钱，通常意味着你不愿意对这件事情投资。

比如，看书是投资自己的头脑，但是不愿意花钱买书，一定程度上意味着你不想把钱花在这里，这就容易让你读书的效果变差。

书并非“非借不能读也”，每件事情要看具体情况而定。

再比如，你不愿意花钱在你的服装上。这有可能意味着你对自己个人形象不在乎，也意味着你不在乎自己在别人心中的形象，更不在乎为什么机会一步步远离你。

其实，买件好的衣服，能让你有既舒服又有品位的形象，从投资的角度来说，也并不亏，比如以前只花50元买一双鞋，如果经常穿，以50元的价值来衡量这双鞋的质量，这双鞋大概能穿两个月的时间，如果你花钱买了双质量更好、更贵的，如果按一年来算，鞋子的价值也相应增加到6倍，也就是300元一双。如果一次花300元买一双可以穿一年的鞋子，关键是300元的鞋子穿起来肯定比50元的鞋子舒服，还有可能给你招来品位相当的优秀人脉。

每个人都不傻，都会算自己的投入产出比，很少有哪一个牛人，在不花费金钱和精力的基础上，发展出了好人脉。

你来决定你的钱应该花在哪里，就花在那里，坚持下去，那就一定会有效果。

也许你的回报未必以你想象的方式，也未必以你设计的方式得到，但是每件你做的事情，最终都会回馈到你身上。

一句话回味

见一个人之前，最重要的一项准备还包括，准备好你最好的身体状态。

爱惜羽毛，有的事情要听不见

做大事还是赚小钱

人脉有时候如同一个工具，工具本身不存在什么感情色彩，要看使用的人怎么用它、会不会用它。

你要用人脉做大事，还是用它来赚小钱，没有对错，只取决于自己的心有多大。

如果你有一颗大的心，就不要快速使用人脉赚小钱。

有的人真的会在认识一些关键人物的时候，一起吃了一次饭，就提一些要求，事情不成，还会令人生厌。

别人不是办不了，而是你这样急迫的态度让人排斥，如果有人不知分寸让你办了一件事情，你帮他办成了，下次再有事找你，你办还是不办？

这个道理像银行的零存整取业务，需要持久地存储，将来才能从中取出钱。

无论你在社会上处于哪个位置，都应该爱惜羽毛，求人办事的时候，你不要不知进退，让自己被人看低到尘埃里去。能为人办事的时候，你也不要大包大揽，损伤了自己的声誉。

不但大事如此，就是小事上，也要随时注意自己的形象。

有一次，我陪同一个领导参观他的公司。有一位主管过来对他说："李总，我想单独与您说几句话。"似乎有什么不好说的事情需要探讨。

李总马上严肃地对他说："你下次不要给我来这套，我正接待客人，没什么神秘的事，你大大方方说就行了！"

后来这位主管说了事情，说的真的是一件非常小的不值得躲起来说的事情。

我不禁佩服李总的态度，虽然不是什么大事，但是他躲起来说，他的形象瞬间就会变得不那么高大了。大大方方、光明磊落的形象不可被小事破坏。

当你拥有一定的社会能量的时候，更要维护自己的形象。有可能别人用利益来试探你对一些事情的态度，此时不可敏感、敏锐地回应，要保持自己的高姿态，对于一些不该办的事情，要完全关闭自己的耳朵。这样，你什么都没有听见，别人下次就明白不该说的话不能在你面前说。

守住自己不掉价

对于一个处于上升期的人来说，成熟的为人处世态度是工作能力的一部分。

老高是一名老员工，好不容易有个升职的机会，他成为该部门的主管，他一心想做出一番成绩，也想对手下员工好，让大家抱团作战。

有一次，他部门新来的员工小丽气冲冲地找老高告状，说业务部门的老王交给她的统计表格无法使用，她去找老王让他重做表格，被老王抢白了一番，老王坚决不配合工作。

老高刚升任部门主管，一看小丽气冲冲，眼圈还红红的样子，当然很生气，于是他放下手头的工作，就去找老王理论。

没想到老王一看老高来了，还没等老高开口说话，就站起来准备好一副战斗的状态。果然，老高一开口提到统计表，老王立马就发火了："我天天工作这么多，我没空一次次地给你们做统计表。"

老高生气地说："这是必须做的事。"

"必须"这个词立即把老王激怒了，老王说："什么叫必须，你是谁啊，你是我的领导吗？你给我发工资啊，我就是不做了，你爱找谁找谁去！"

老高与老王大动干戈吵了一架。

一件本来不大的事情，成了一件不小的事！

原本理直气壮的老高在大家眼里成了最没有道理的人，因为他不是老王的领导，他的确没有资格直接对老王发号施令。

老高不爱惜羽毛，硬要掺和两个下属的争执，让自己出力不讨好。毕竟，领导就应该有领导做事的方法，他可以保护自己的下属，却没有必要在没有胜算的情况下强出头，毕竟他如果丢了面子，他的整个团队士气就会受影响。

正确的做法应该是什么呢，他应该给老高的领导打电话，哪怕私下说几句好话，强调自己需要对方的配合，也不会丢掉自己的体面，把小争端化为无形。

想想看，如果老王的领导找老王，安排他做好统计表的工作，老王纵然抵触，也不会有这么大的反应，这是为什么呢？

做统计表这种配合其他部门工作、出力不讨好的活，领导安排他做了，有可能在本部门出现其他类似情况的时候，领导会再找其他人做，或者即使领导没有其他安排，还是让他做，他得到本部门领导的好感，这对自己的工作是有好处的。而老高并不是他的领导，因为老高给不了自己任何好处，还试图居高临下压制自己，这当然要引起他的愤怒了。

利益永远是管理的一个重要因素！每个人要学会守住自己，当自己给不了别人利益诱惑的时候，就要审时度势去做事，不可情绪化地做冲动的事，到头来伤人伤己。

不卑不亢是一种技能

不卑不亢的这种态度很难得，因为人的本能中有趋利避害的成分。

这不是与生俱来的态度，所以我们要时时提醒自己，才能活得漂亮。

有时候，当你卑微地说一句名不副实的套话好话的时候，这一丝的卑微被别人捕捉到，就会在他人的心里放大，你的分量自然就轻了。

反之，与他人交往时一定注意对他人的尊重。讲一件我以前经历的事情，有个不大熟悉的远房亲戚，通过不少人要到我的电话，不巧的是，他经常打电话的时候，我都在开会。好几次我都没有接到电话，也由于忙碌，没有回电。

终于有一天，老家亲戚给我打电话，说这位大伯有事情找我，说他家里挺不容易的，可能有点事情需要我帮忙，让我一定接电话。于是，有天晚上，我就主动打回去电话。

的确是件不容易的事情，他家里只有一个孩子小杜，大学毕业两年了，还没有参加工作，读的设计专业。小杜回老家之后，没有特别对口的专业，他心情很郁闷，想来北京看看有没有合适的工作机会，问我是否有认识的人。

我没有立即答应，如果公司没有需求，硬往里塞人太困难了，只说尽力问问朋友，是否有相关的工作需求、待遇能稍微好点的，看是否可以帮忙介绍一下。

没超过一周，有回音了，有个朋友给推荐了一个公司。我了解了一下，相关的待遇的确不错，而且，如果进入这家公司，潜心发展，未来大有可为。

给老家的大伯打了电话，告诉他有点眉目了，然后我要到了小杜的手机号，想和小杜沟通一下，听一下他的意思。

给小杜打电话的时候，他的态度始终是淡淡的，淡到不像他这个年龄段的年轻人应该有的态度。聊了几句，他最后淡淡地挂了电话，对我没有称呼，也没说谢谢。

当然，我不可能去和一个孩子计较些许礼节的事情，但是我当时想的是，这样的态度进入公司，是很难与他人相处的。这是让我头疼的一点，我更担心的是，小杜这个孩子情商不太高，他对家人的辛苦缺乏体察，他似乎不懂家人是如何辛苦，拉下面子找我，才得到这样的一个机缘。

这件事情不是我不帮忙，而是我帮不了，我如果介绍一个不懂事的孩子进一家成熟的公司，这个孩子会成为别人的笑话，我的信任度也会打折扣。

几经周折，我还是给小杜在老家找了个和设计相关的工作，让他先去历练一下。很多事，只有经历过，时间让他慢慢懂一些人情世故，他才有可能找到真正的机会。

一句话回味

人的目光是敏锐的，如果你流露出一丝卑微，被对方收入眼底的时候就会被放大。

提防自降身价的细节

追问隐私伤自己

人际交往的时候，难免会互相交流一些私密的信息，有的信息别人可以说，你可以听，但是你却不能追问。

例如，大部分人都觉得被打探收入是一件不好的事情，如果别人不聊这方面的问题，你最好不要问，因为有时候，太清楚一个人的收入如同脱去他人的衣服。你对他的整个生活状态都会有所判断。更不要问人家的财务怎样支出，即使你觉得对方赚得再多，也不要随便问。道理很简单，你替对方想一想，对方比你有钱，但是他比较善良，害怕你听了以后不舒服，对方赚得少，这就是等于往别人心头刺了一下。

除了常规的这些社会规范以外，还要注意一些特殊场合对一些问题的把握。

还记得我刚工作的时候，有一次，我和夏秘书与领导一起开了一个小型会议。就在这个时候，领导电话响了，他看了一眼电话，眉头皱了起来，但他没有避讳，他示意我们稍等一会儿，就接通了电话。

我们都知道不应该听领导的电话，但是他的声音的确光明磊落："你别无休止地闹了，我已经给你安排了最好的病房，也找了最好的大夫。我知道你动手术不好受，但是我有什么办法呢，我还要上班，还要工作……"

领导大概就是翻来覆去这么几句话，我们都知道他的太太做手术了。

他说了一会儿之后，有点不耐烦地挂断了电话。

挂上电话之后，夏秘书马上关心地询问领导夫人现在好多了吧？

没想到，听完这句话，一向不流露表情的领导突然有点恼怒，他说："这是你该问的事吗？"

话音中带了一些怒气。

当时，我有两点不太理解，一方面，按常理来说，夏秘书也是关心，可是为何领导如此生气？另一方面，他没有避讳我们，接打电话，就没有要隐瞒的意思。为什么发那么大脾气呢？

转念一想，我突然明白了其中的道理，也觉得自己反应没那么快，反而是件好事。

首先，领导是个务实的人，夏秘书的关心是领导根本不需要的，不能解决实质问题。其次，领导不避讳我们，是因为我们的级别不够高，不值得他避讳。再次，领导自己打电话聊这件事情，虽然他的状态一扫平时的威严，看起来甚至有点无奈，但是我们听过之后，不提这件事是下属的一种本分。举个例子来说，走路的时候，看见领导摔了一跤，只要没有大碍，你要做的不是跑去搀扶，而是要装作没看见，做自己该做的事，忘记领导那一刻的尴尬。

有时候，我们与他人的交往，别人需要的就是你不要太能记得一些事，而是你忘性大，他们才能更放松。

会聊才不会失身份

有的人不是坏人，但他不会是你的朋友。

如果他的精神层面距离你的太遥远，或者你距离他的太遥远，那就只能在物理距离上也继续保持，不然，两个人都不好受。

王小波曾经在一篇杂文《中国知识分子与中古遗风》的文章中，有这样的几句话：我敢说大学教授站在讲坛上，断断不会这样说：你们这些罪人，快忏悔吧……这与身份不符。因为口沫飞溅，对别人大作价值评判，层次很低。

讲的就是一个人要有符合自己身份的一种风范。当然，我们这里指的“身份”并没有歧视的意思，是指社会赋予每个人不同的社会角色。

有的人说话无所顾忌，完全不符合自己的身份，令别人与他产生不可弥补的隔阂。

有一位女士曾经讲到过这样的经历：她的一个男同事半夜给她打电话，说喝醉了，心里特别难受，想聊聊。

据她所说，这位男同事特别正派，也很正常，没有什么企图，但是这个半夜的电话，就是让她感觉心里非常不舒服。

因为她虽然与这位男同事在工作上的配合很默契，可他这样没有分寸的行为，不但有失他的身份，还让这位女性很困扰。她从来没有把他放在一个可以半夜聊天、说私事的位置上。我们有很多不同类型的朋友，不同的朋友的确应该出现在合理的位置上。例如：

有的人是你的朋友，不一定是你总想联系的朋友。

还有的人是你要好的朋友，但你不可以在他面前想说什么就说什么。

无论如何，不同的人在我们心里的位置是不一样的，有的人，是我们生活上的朋友，有的人，是我们休闲活动中的朋友，还有的人，深入我们的事业，与我们同甘共苦。

我们对朋友有所区分，也是我们对朋友应该负的责任。例如，有的人是我们生活中的朋友，有了生活的烦恼可以互相倾诉、缓解心灵的压力。但是你硬是要把他拉入你的事业，想让他拿出自己微薄的工资支持你伟大的创业，你的这种行为会让你迅速失掉这个朋友。

还有的朋友具有很大的社会活动力，这样的朋友，如果你在心里希望他们对你能更体贴一些，或者有时间听你好好地聊一聊你和领导之间的那些杂七杂八的事，这本身就是不合理的要求，他们每一分钟都是听那些对他们有价值的信息的。

还有的朋友性格非常温和，甚至有点懦弱，你觉得在你面对一些困难的时候，他为什么不能挺身而出，迅速帮你摆平事情。这也是对人不合理的要求。

讲这些的意思，也是提醒我自己，不要随意对朋友有所要求。朋友应该在我们心灵空间最合理的位置上，放松地存在。

关注未来，别盯他人

一个人就算再聪明，他的眼光如果只放在别人身上，缺少了自我审视，就会显得不大气、境界小。

我认识一个开公司的人，几年前见他的时候，他一说话，就开始说创业如何不容易，员工如何不懂得老板的艰辛，现在的人是如何缺乏创新精神，等等。

那时候，大部分人和他聊天，都不大能超过半小时。一超过半个小时，他们就要礼貌地起身告辞了。

后来，据说他的一个决策导致他的小公司出现了很大的周转困难，他落到了人生的低谷。谁都没有能力帮他。

他只能一步步从头做起，再次积累资金。

二次创业的时候，我们还是很佩服他依然有创业的冲动和勇气。原以为他又会说自己是如何了得，没想到他变得谦虚了，和他聊天的时候，记得他说："以前总觉得别人不如自己，等到自己失败的时候，才发现，每个人都有自己了不起的一面，不能小看任何一个人。"

这就是一个懂生活的人明白了生活的道理。这个世界上，每个人都有自己的不容易，我们带着理解的心与他人相处，带着一颗对自己有要求的心，关注自己的未来。

尤其是当一个人到达了一个管理层位置的时候，更要明白对人的管理要灵活。我曾接触到一个企业家，我们聊完事情后，他随意聊起了旁边的助理，说这位助理哪儿都好，就是说了他很多次的一个毛病，总改不了。助理总是忘了开会的时候，应该把该做的事拿笔一条条记下来。

我笑笑，不接话。

他说，不过有意思的是，助理也从来没有耽误过任何事，因为每次会议结束后，助理都会第一时间迅速安排下去，简直是不给自己遗忘一件事的时间。

我觉得很有意思，这位助理不是不听劝，而是因为他有更适合自己的方法，不必按照死板的规则走。

这也提醒我们，要信任他人的判断力，把目光更集中在自己要做的事情上。

一句话回味

别人硬是不接你对他的好，就不要硬给，也许你的良药是他的砒霜。